Cibo delizioso
Libro da Colorare

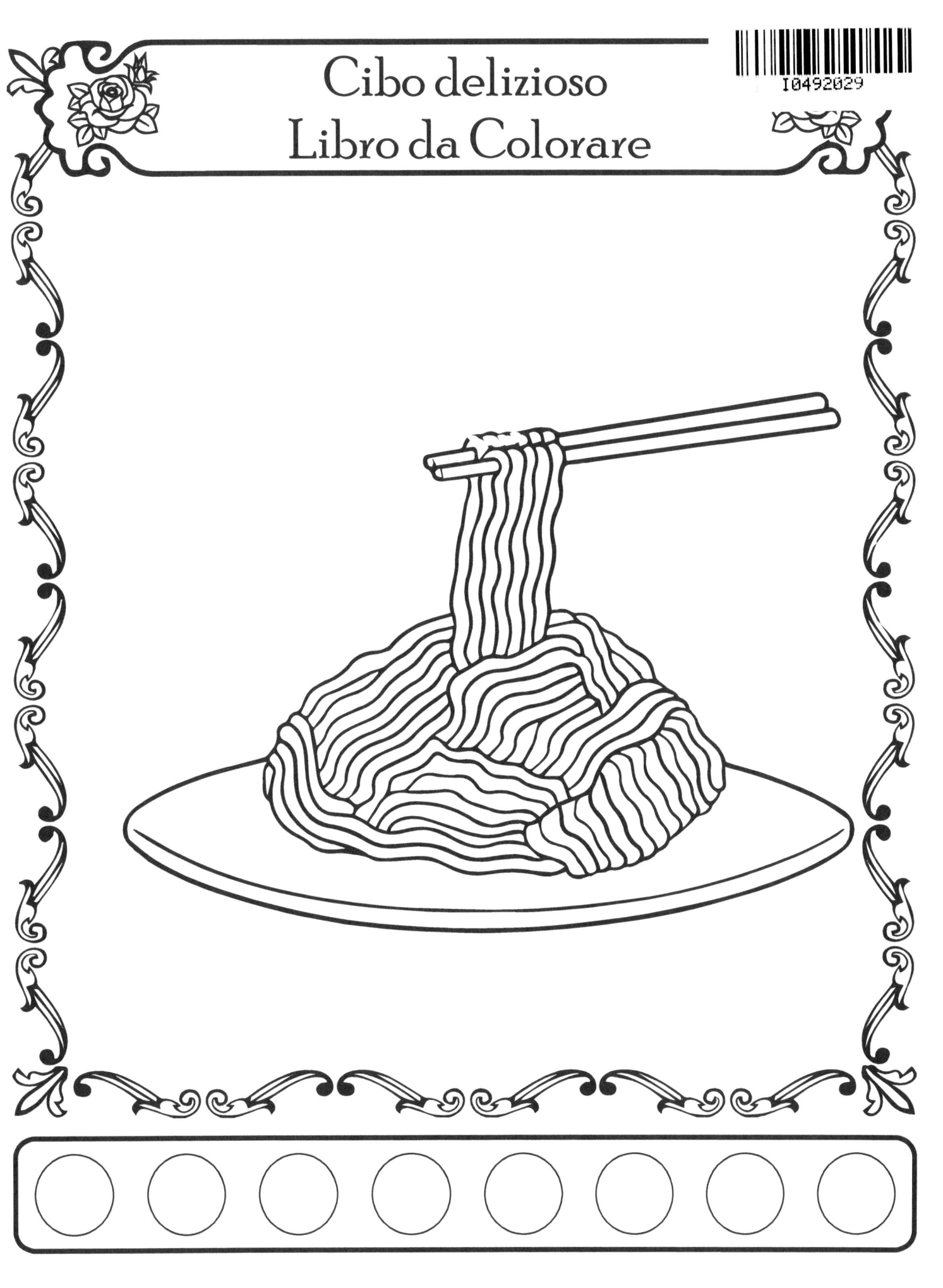

Cibo delizioso
Libro da Colorare

Cibo delizioso
Libro da Colorare

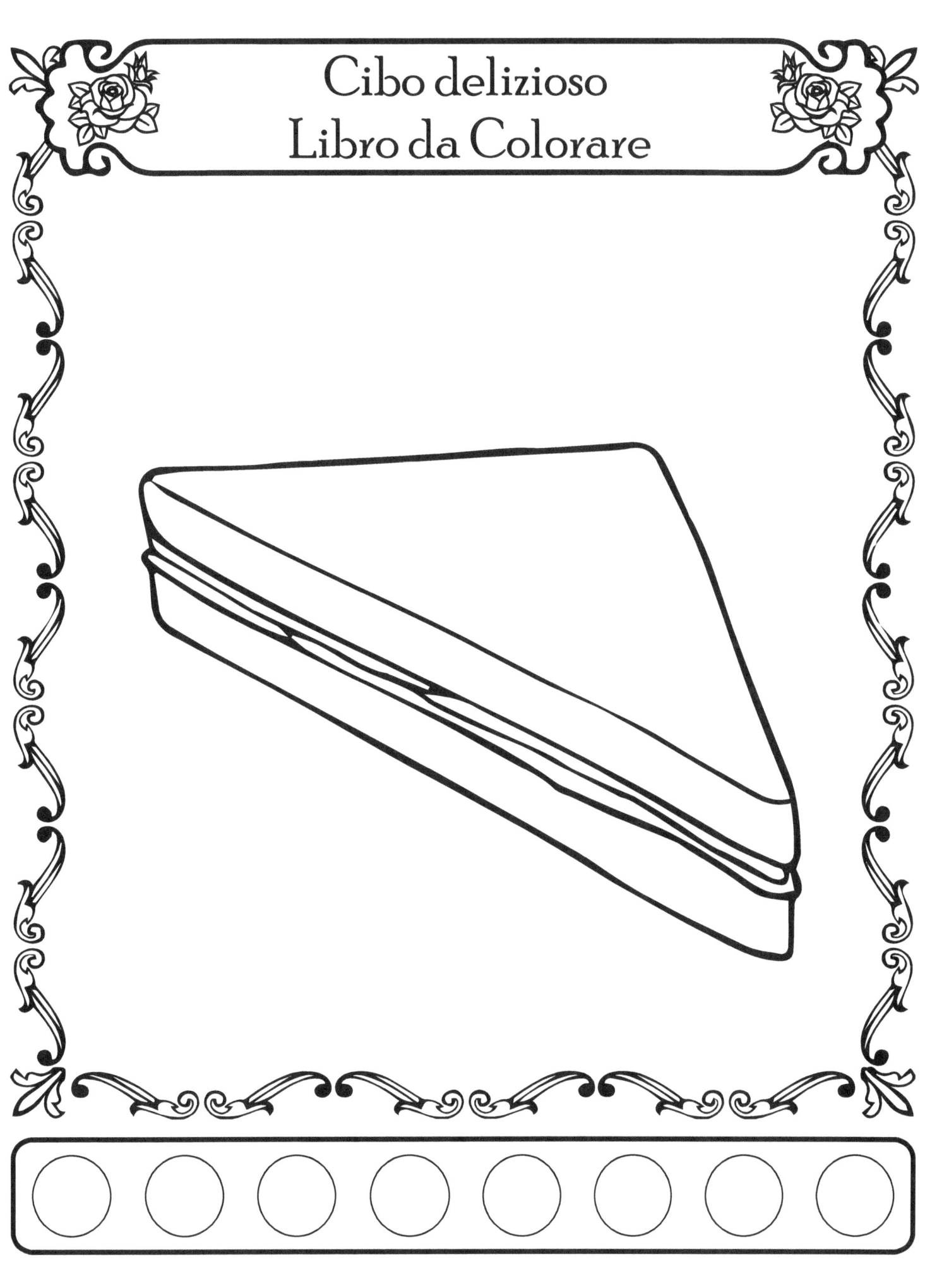

Cibo delizioso
Libro da Colorare

Cibo delizioso
Libro da Colorare

Cibo delizioso
Libro da Colorare

Cibo delizioso
Libro da Colorare

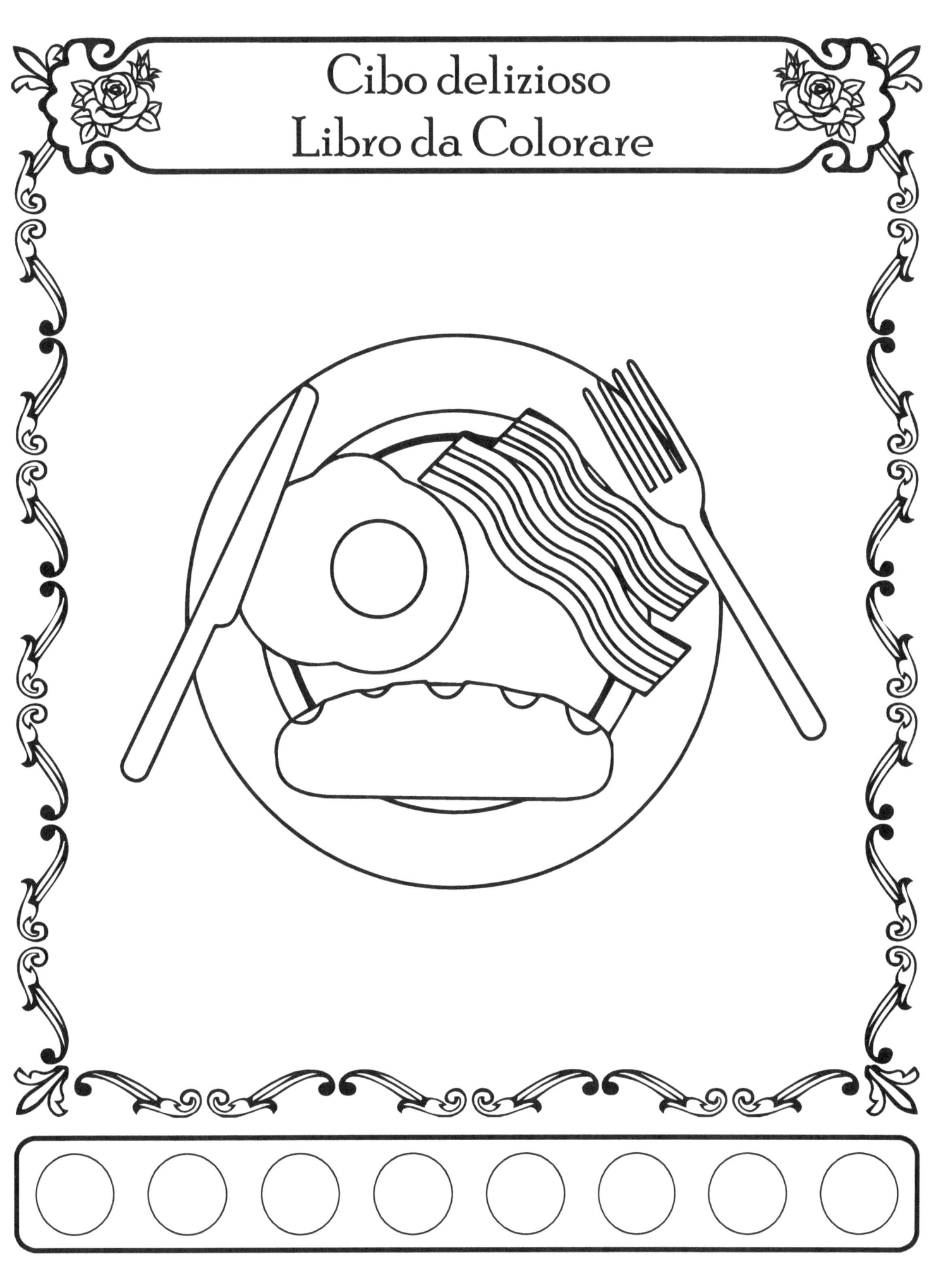

Cibo delizioso
Libro da Colorare

Cibo delizioso
Libro da Colorare

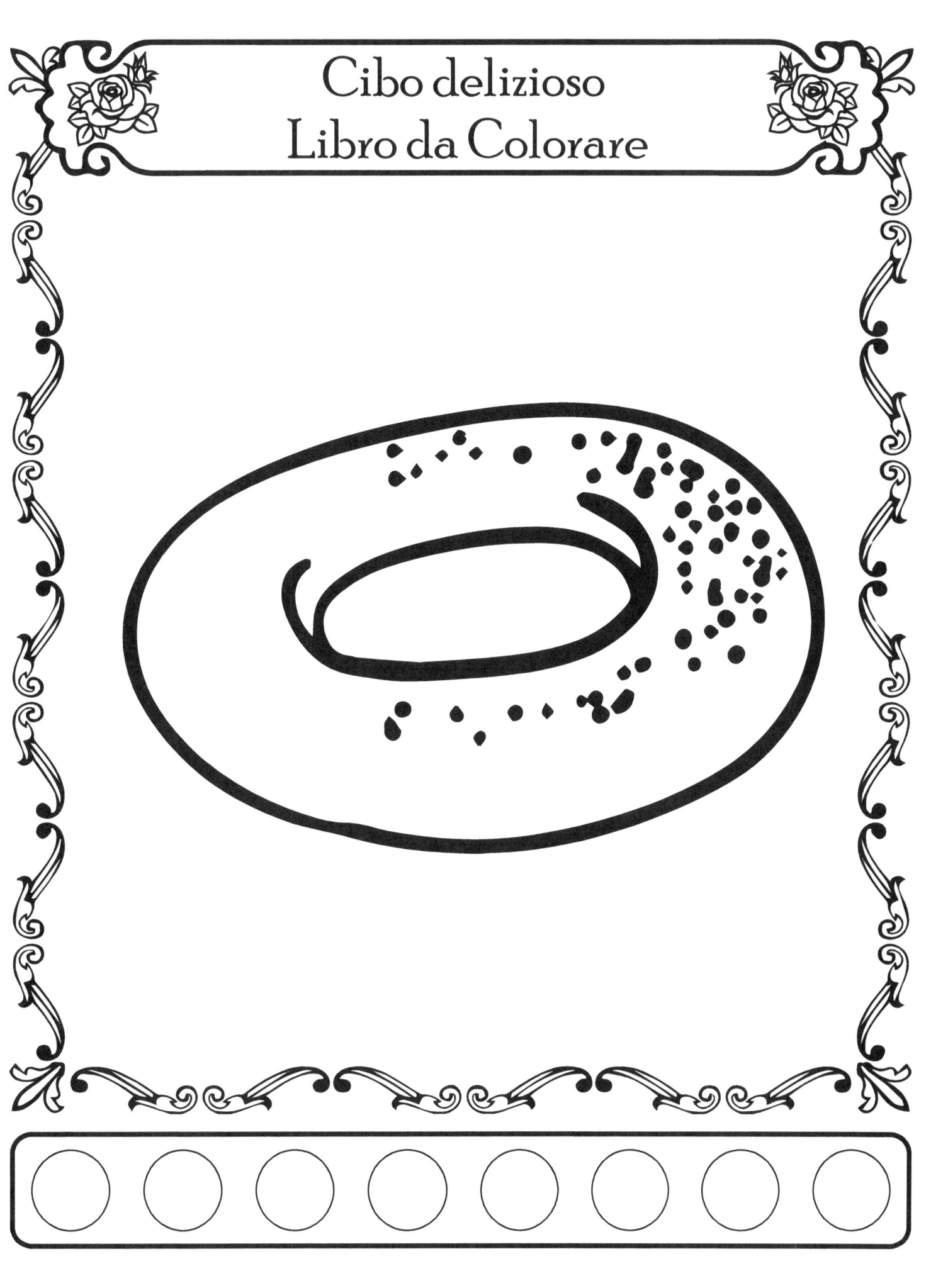

Cibo delizioso
Libro da Colorare

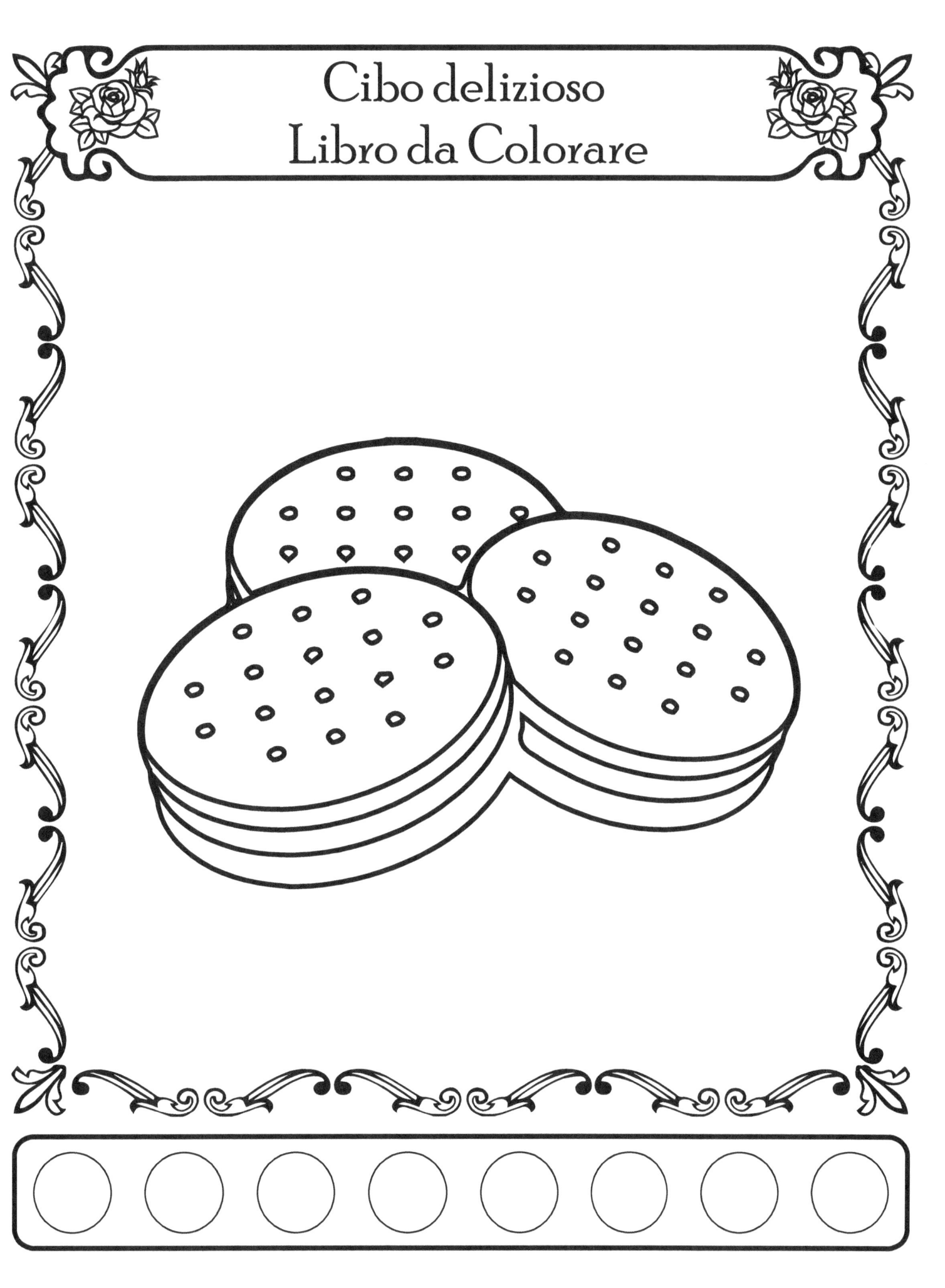

Cibo delizioso
Libro da Colorare

Cibo delizioso
Libro da Colorare

Cibo delizioso
Libro da Colorare

Cibo delizioso
Libro da Colorare

Cibo delizioso
Libro da Colorare

Cibo delizioso
Libro da Colorare

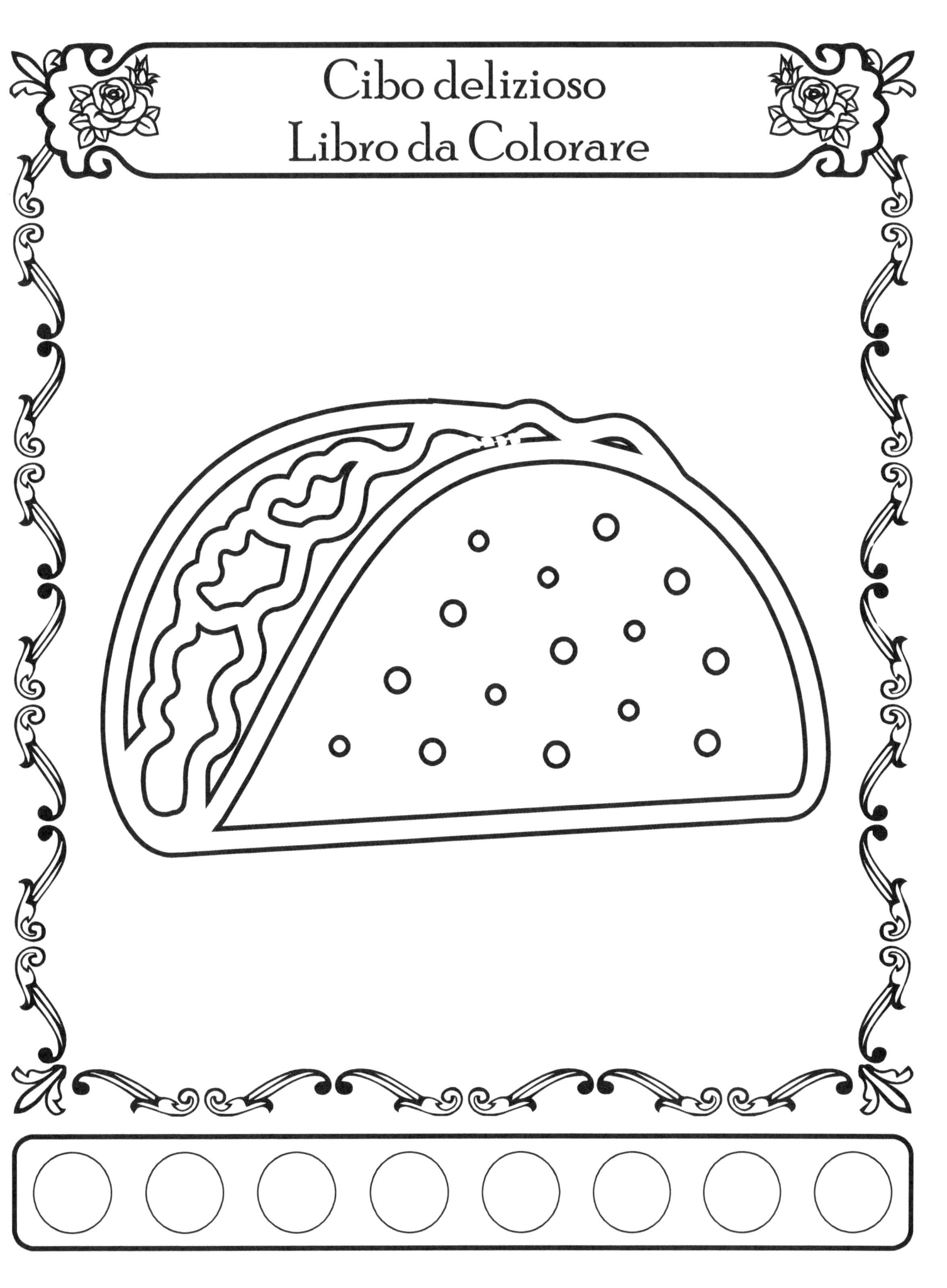

Cibo delizioso
Libro da Colorare

Cibo delizioso
Libro da Colorare

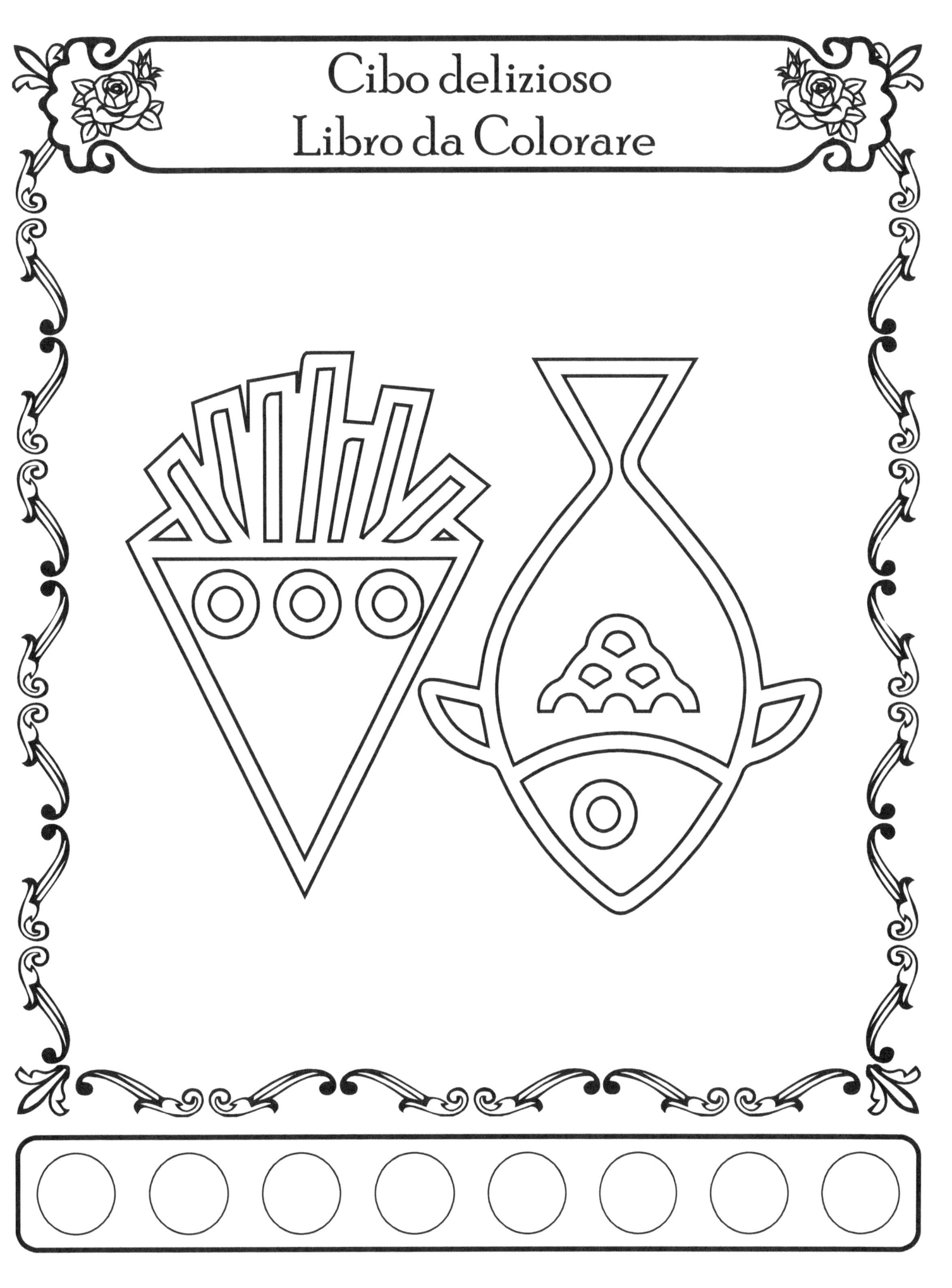

Cibo delizioso
Libro da Colorare

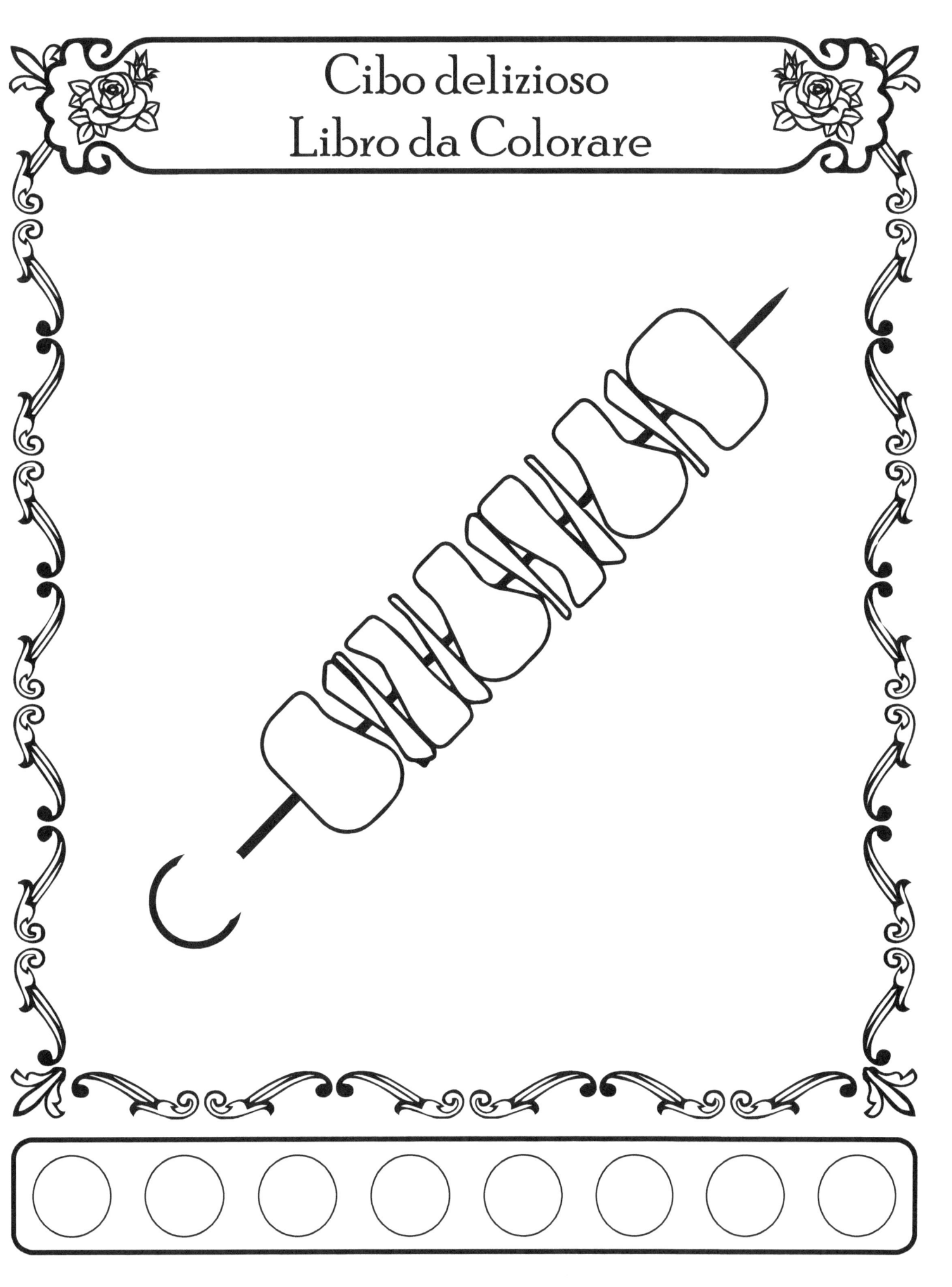

Cibo delizioso
Libro da Colorare

Cibo delizioso
Libro da Colorare

Cibo delizioso
Libro da Colorare

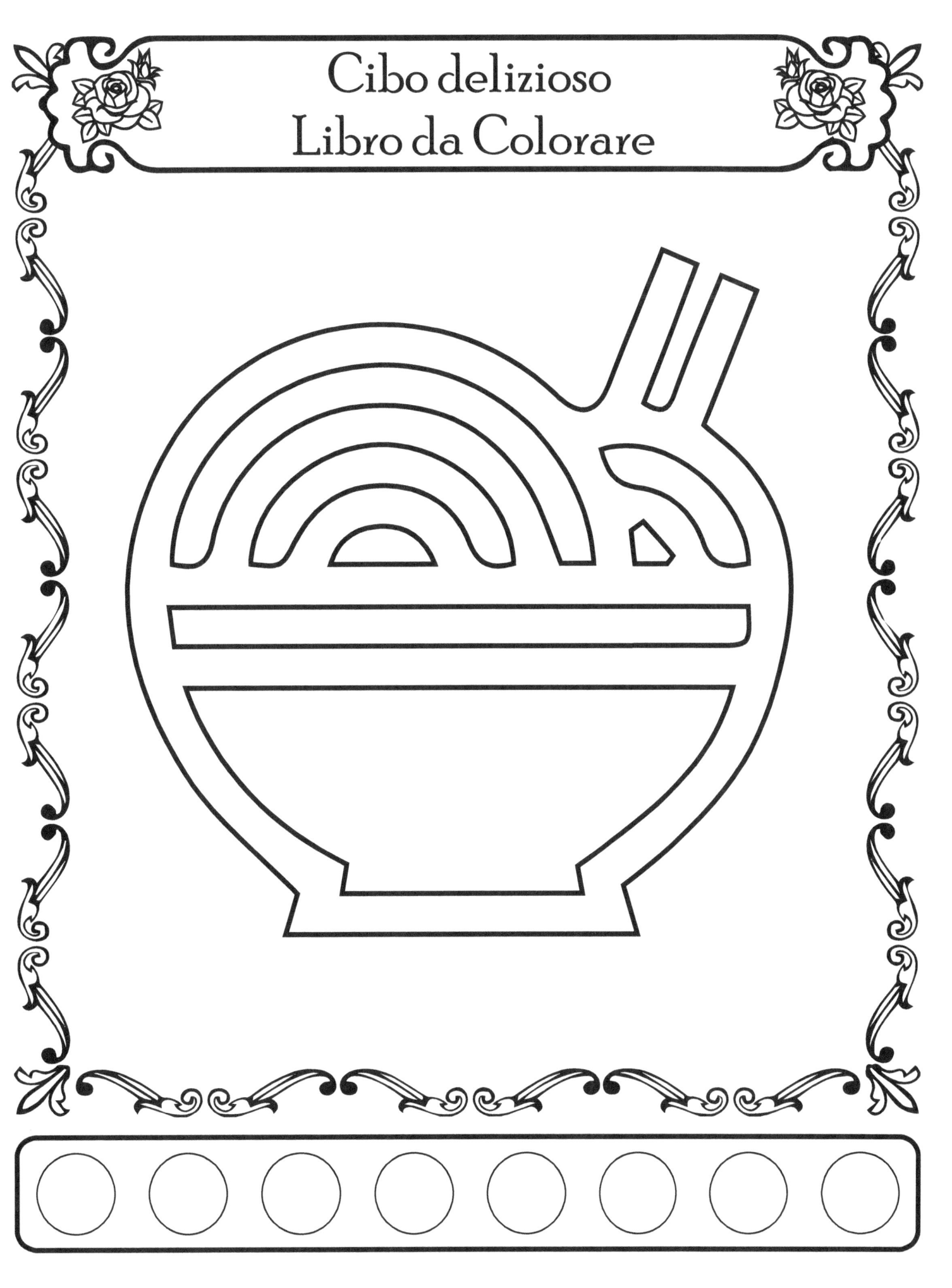

Cibo delizioso
Libro da Colorare

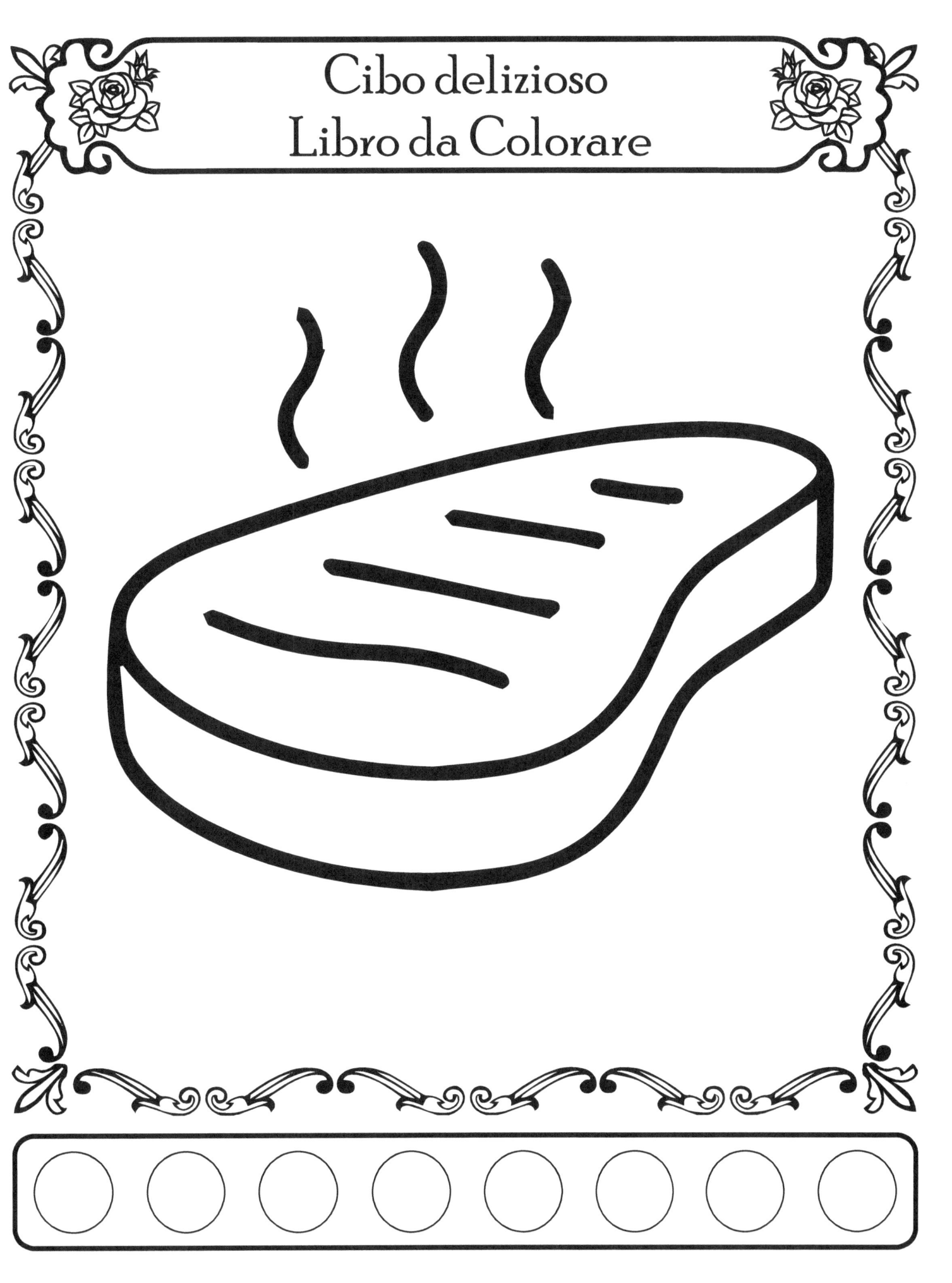

Cibo delizioso
Libro da Colorare

Cibo delizioso
Libro da Colorare

Cibo delizioso
Libro da Colorare

Cibo delizioso
Libro da Colorare

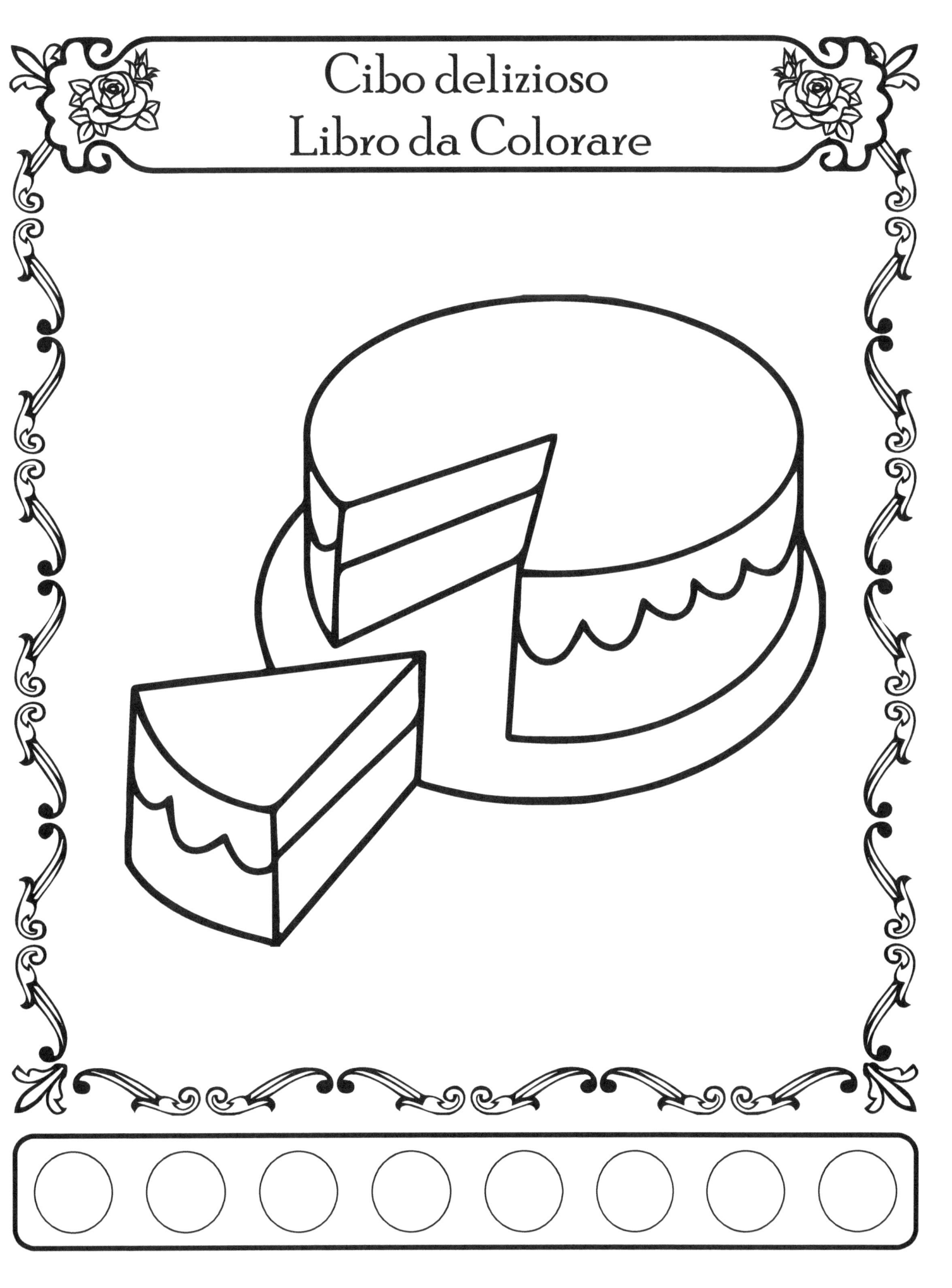

Cibo delizioso
Libro da Colorare

Cibo delizioso
Libro da Colorare

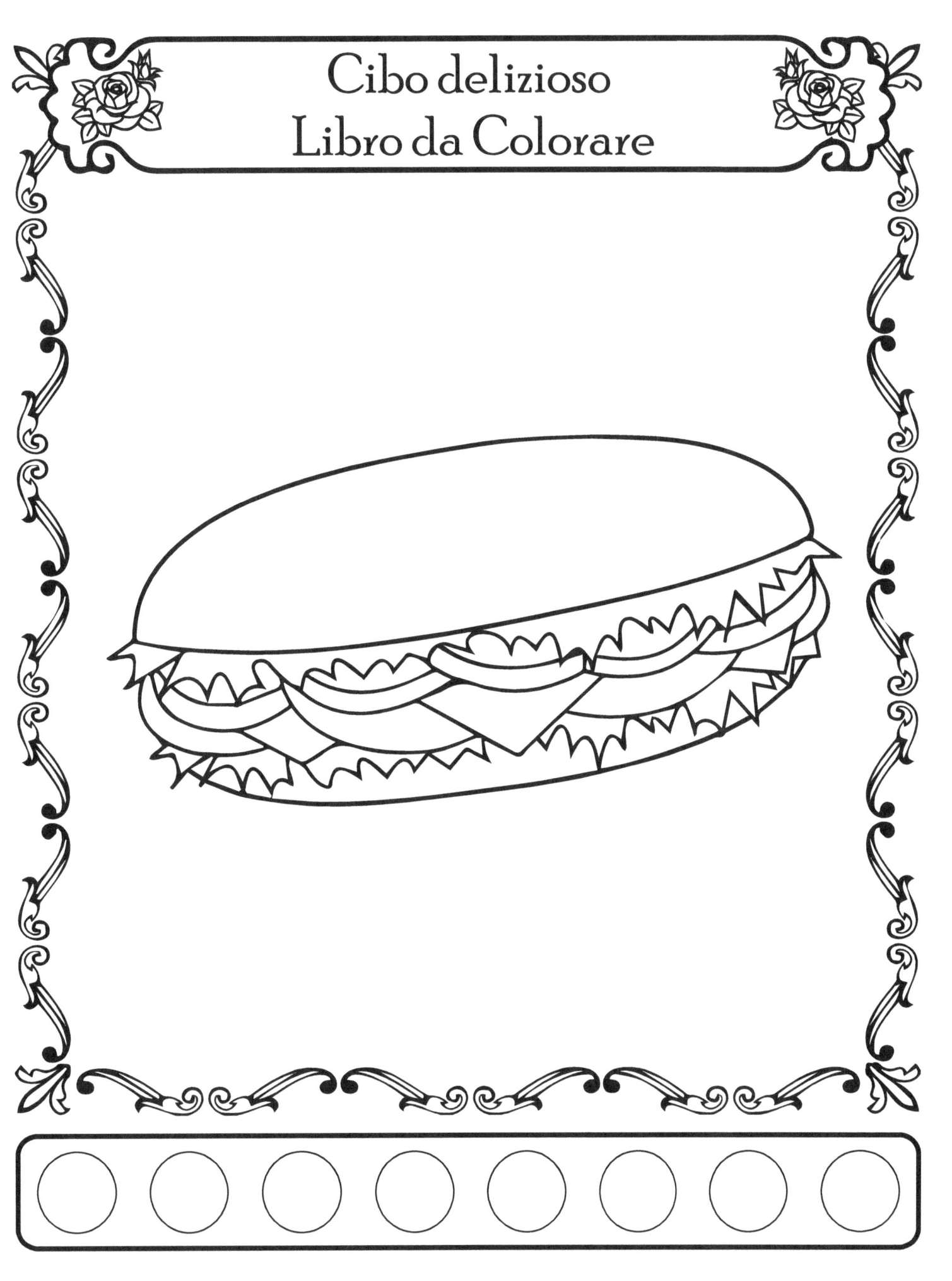

Cibo delizioso
Libro da Colorare

Cibo delizioso
Libro da Colorare

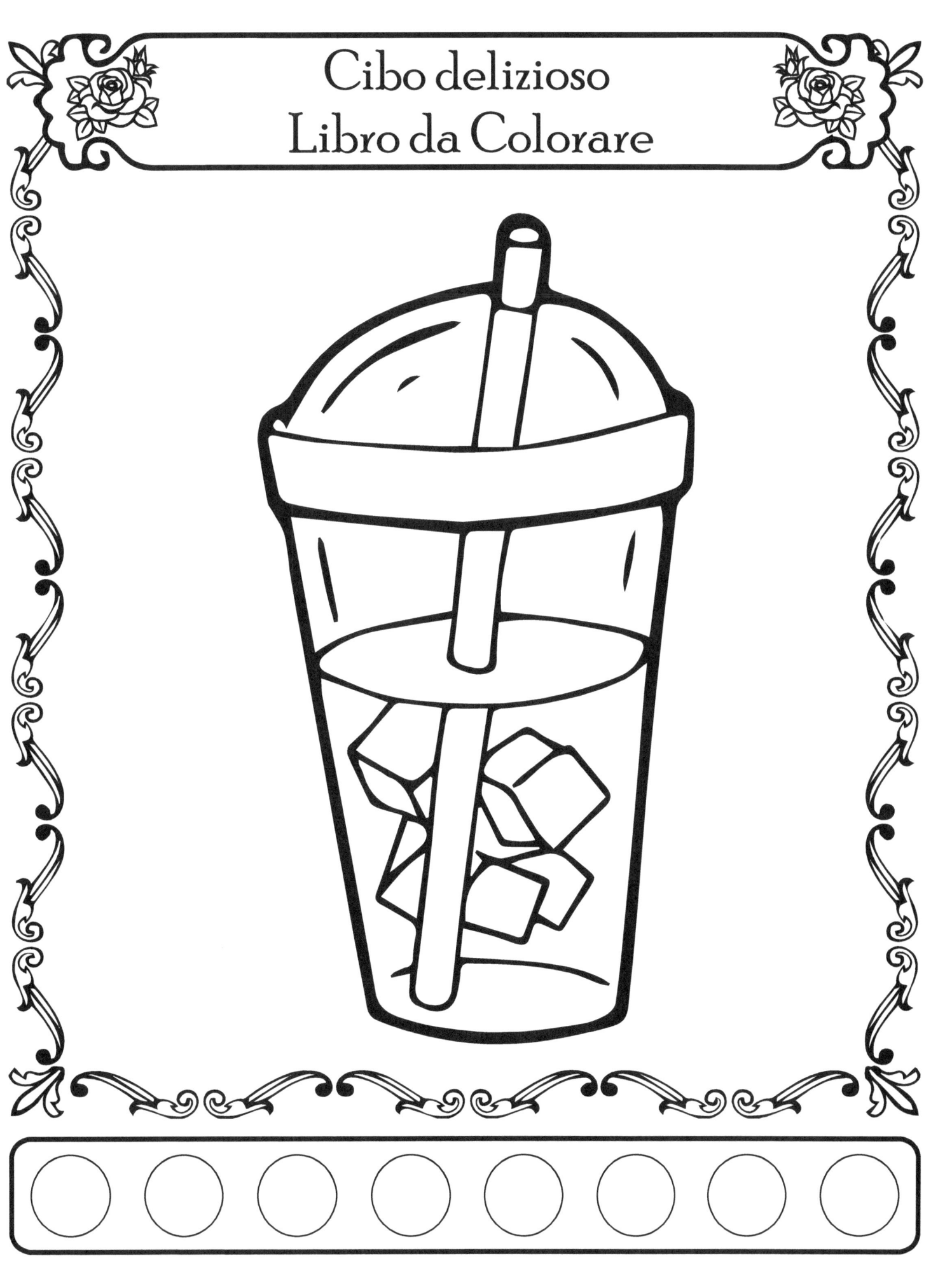

Cibo delizioso
Libro da Colorare

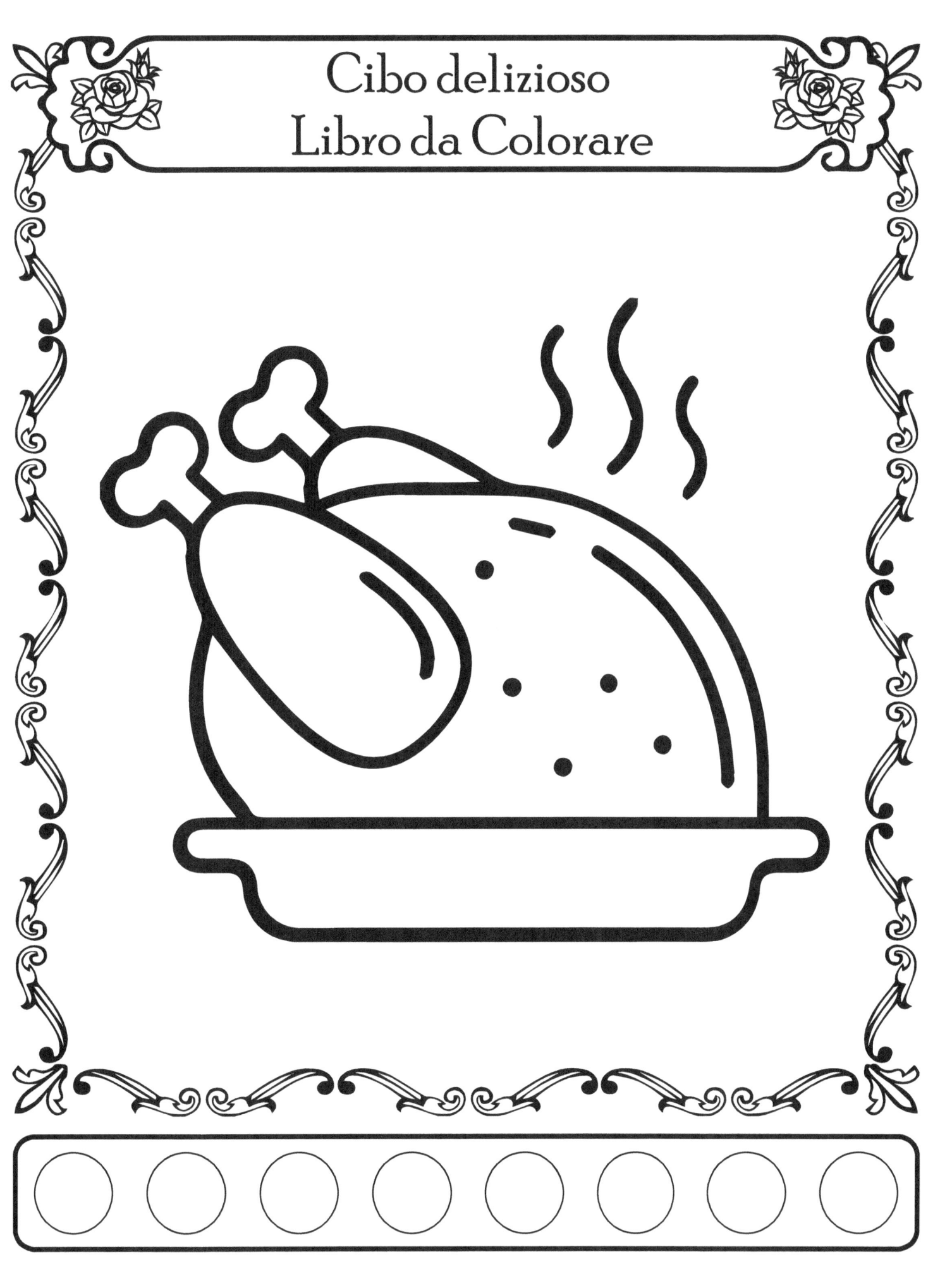

Cibo delizioso
Libro da Colorare

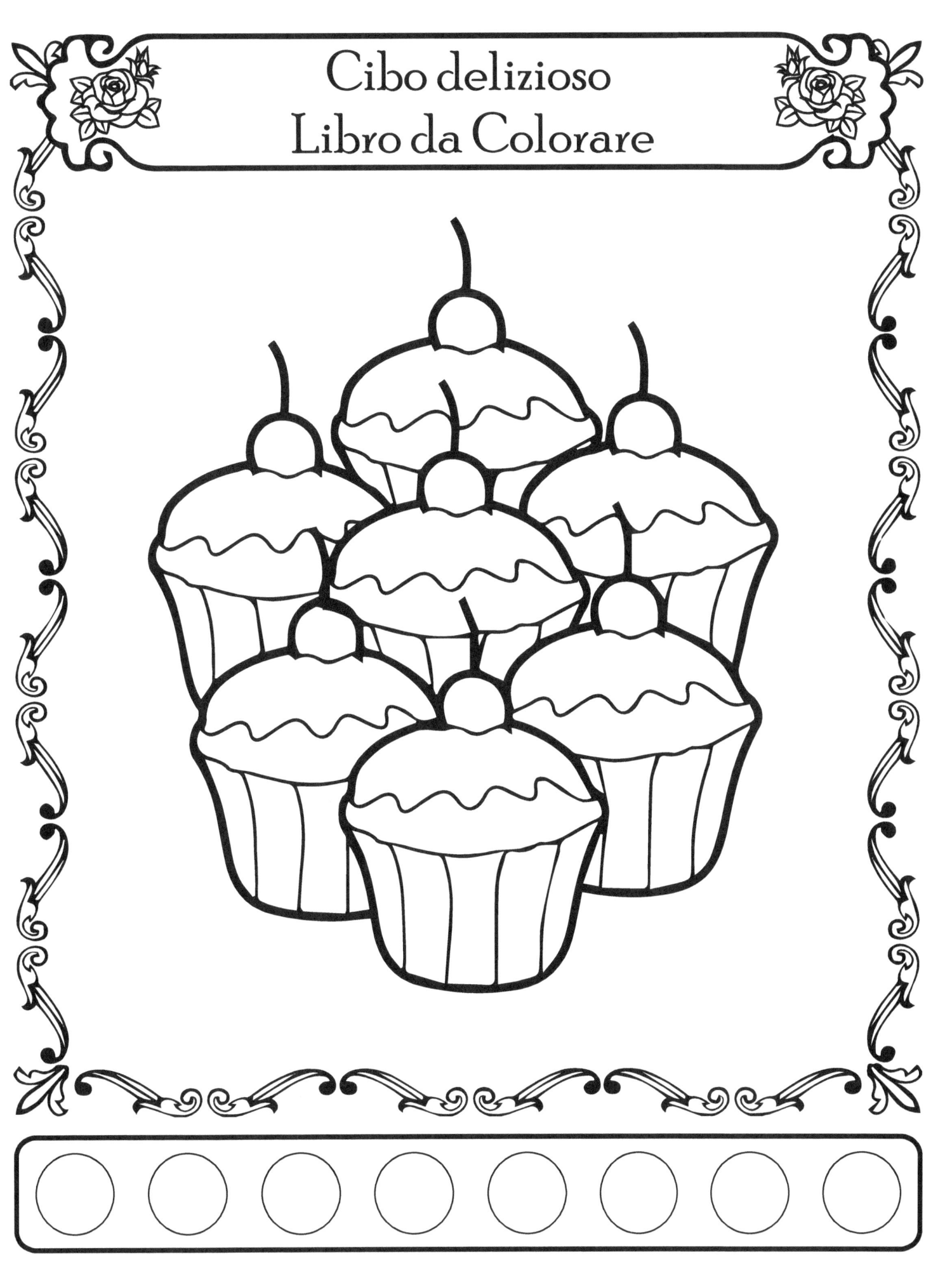

Cibo delizioso
Libro da Colorare

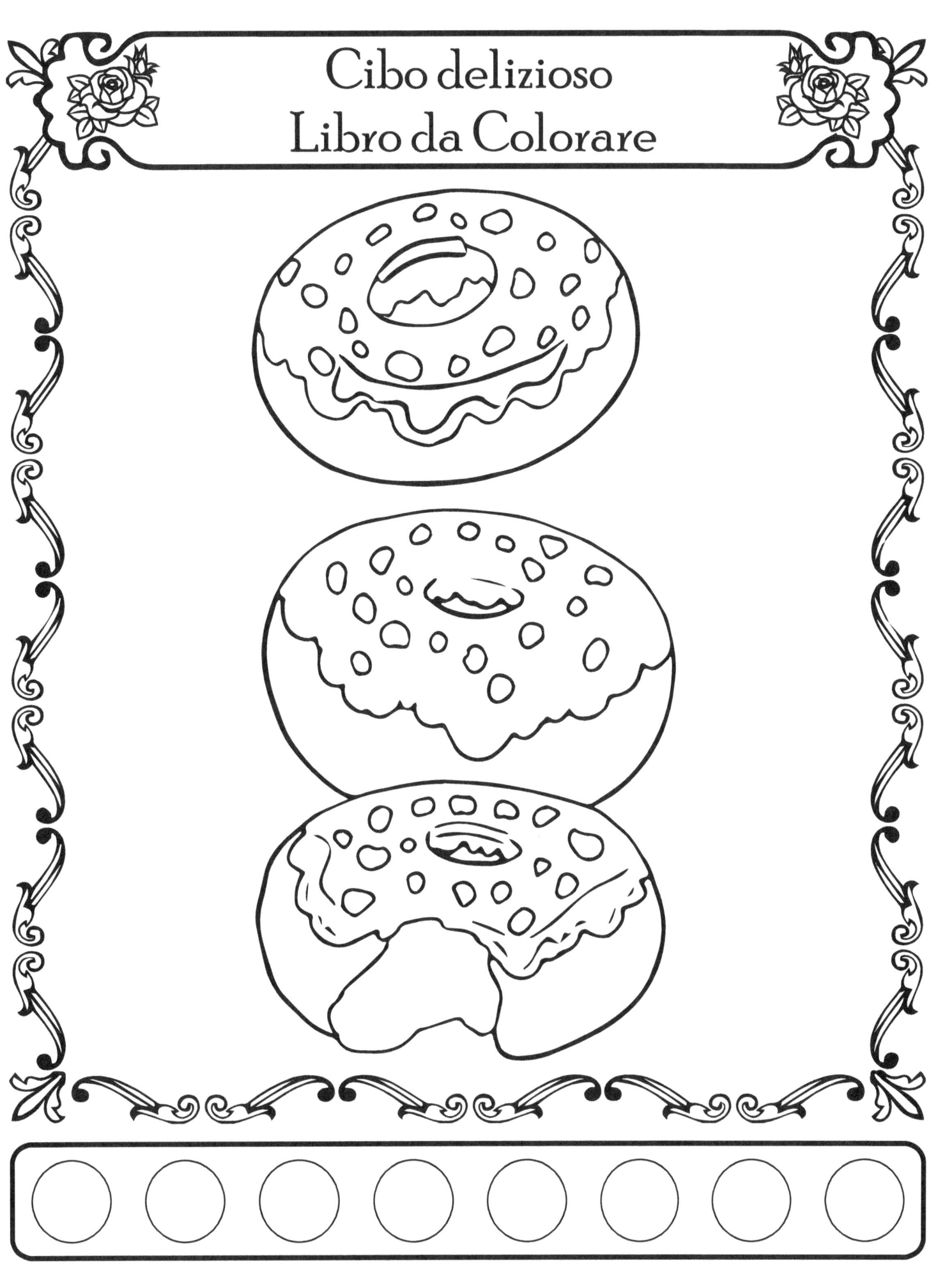

Cibo delizioso
Libro da Colorare

Cibo delizioso
Libro da Colorare

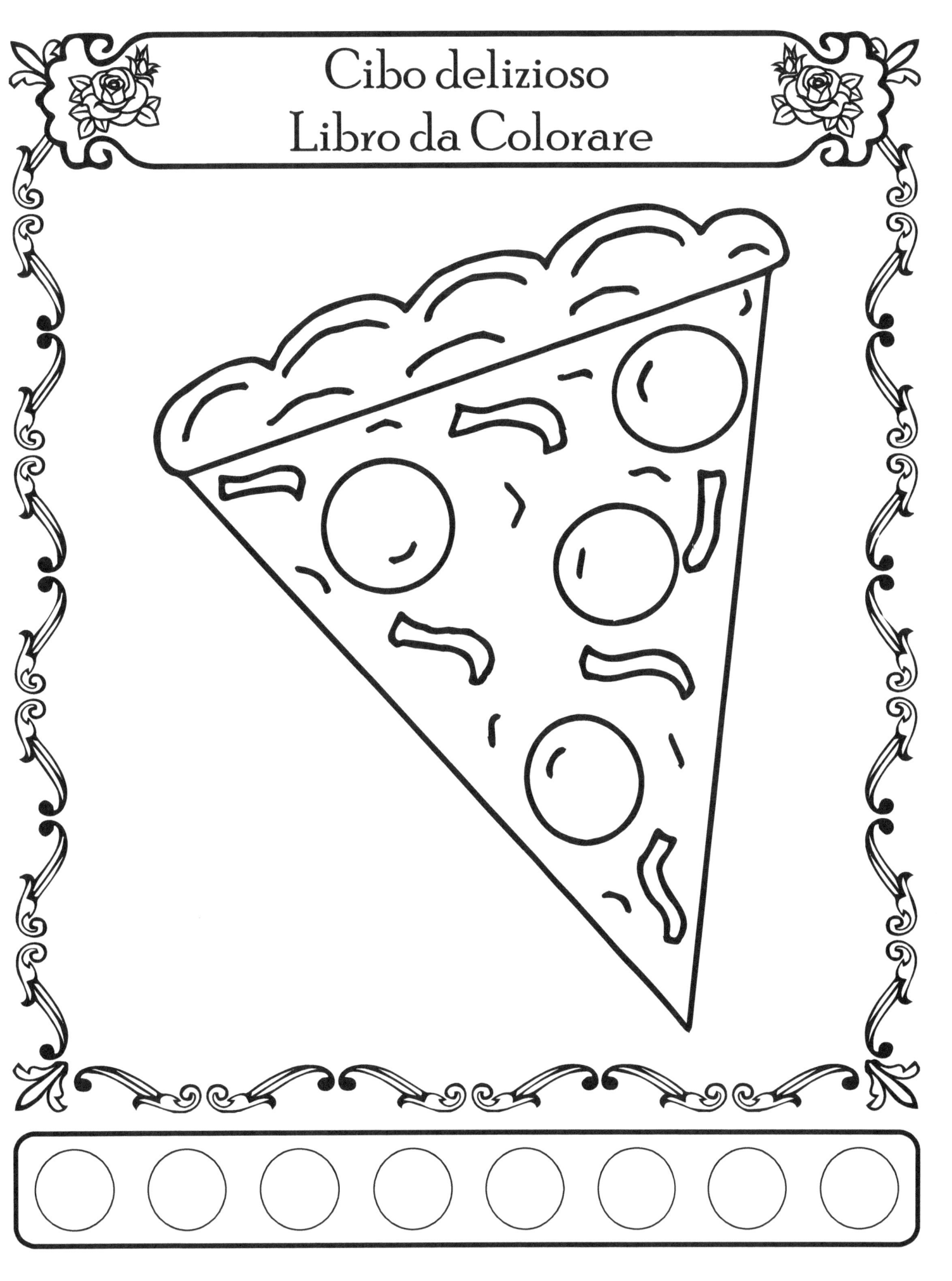

Cibo delizioso
Libro da Colorare

Cibo delizioso
Libro da Colorare

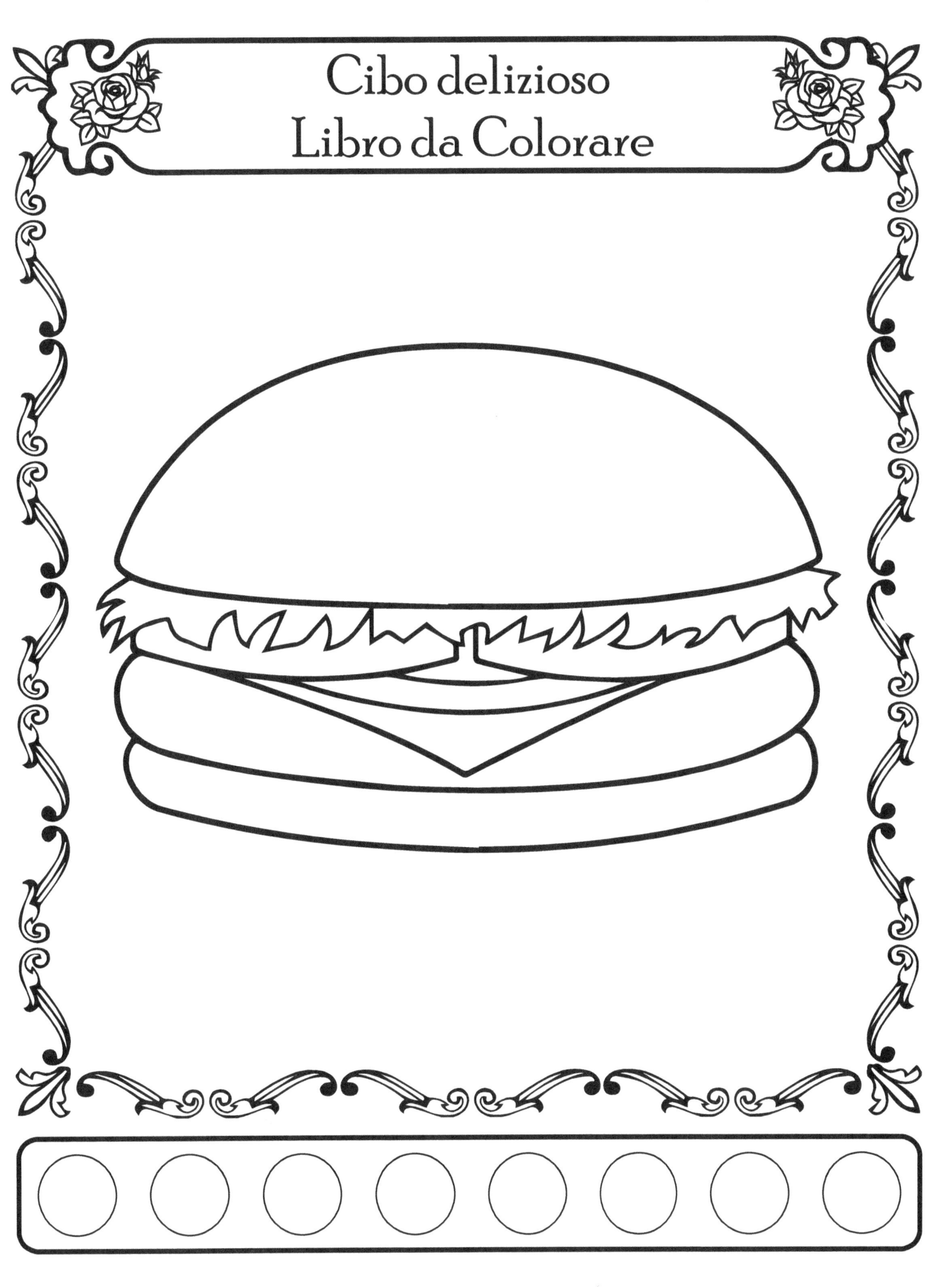

Cibo delizioso
Libro da Colorare

Cibo delizioso
Libro da Colorare

Cibo delizioso
Libro da Colorare

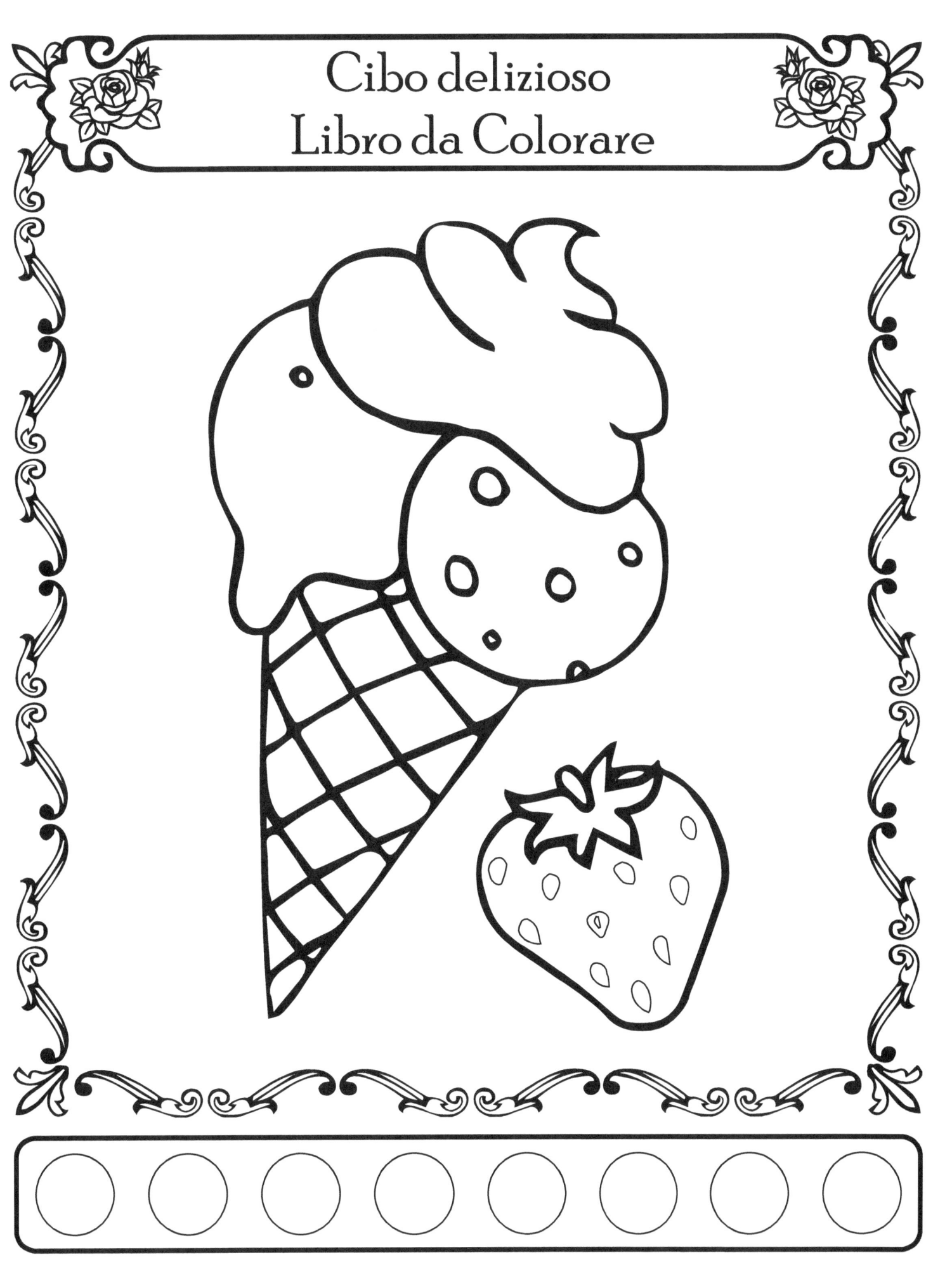

Cibo delizioso
Libro da Colorare

Cibo delizioso
Libro da Colorare

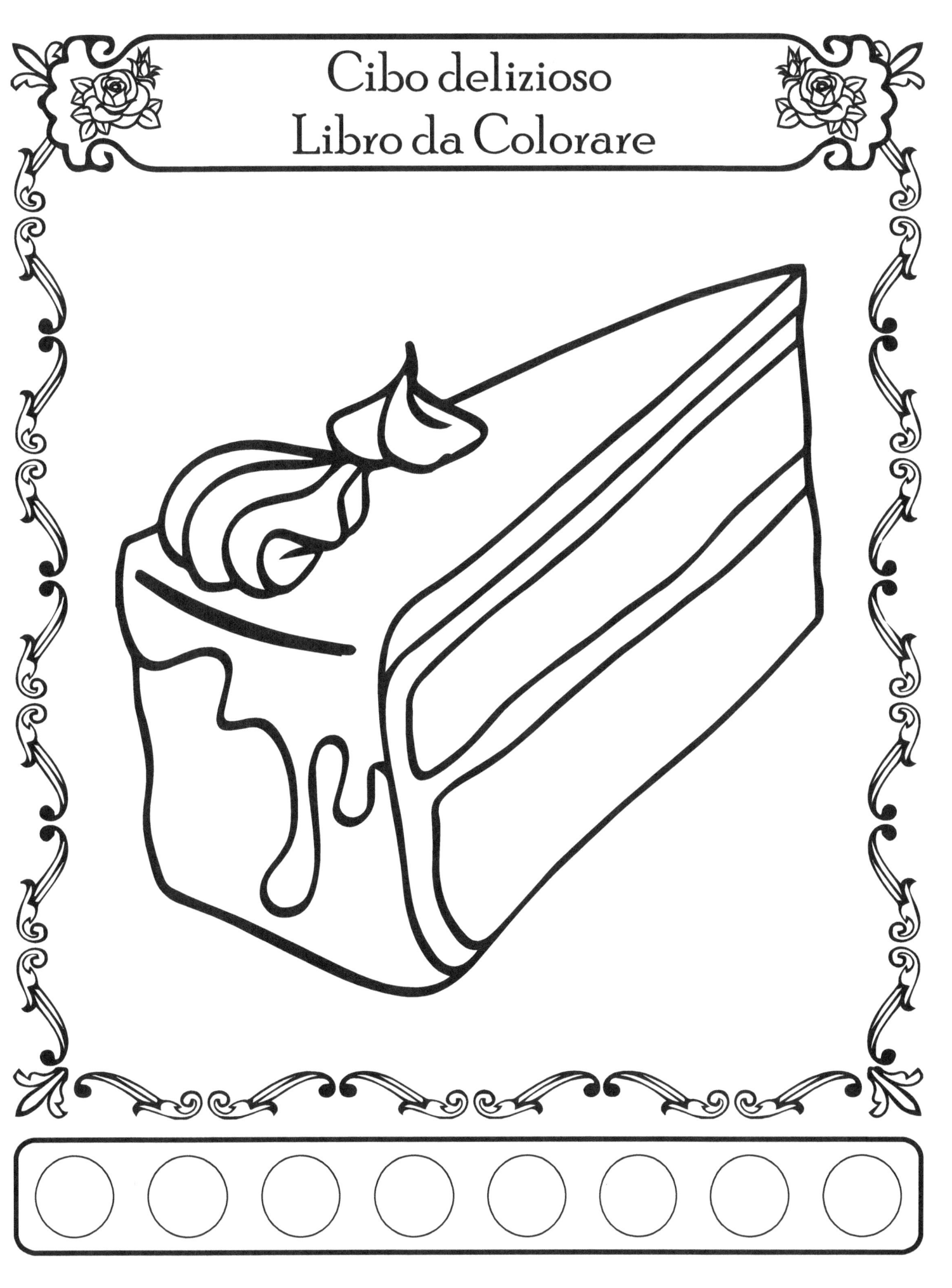

Cibo delizioso
Libro da Colorare

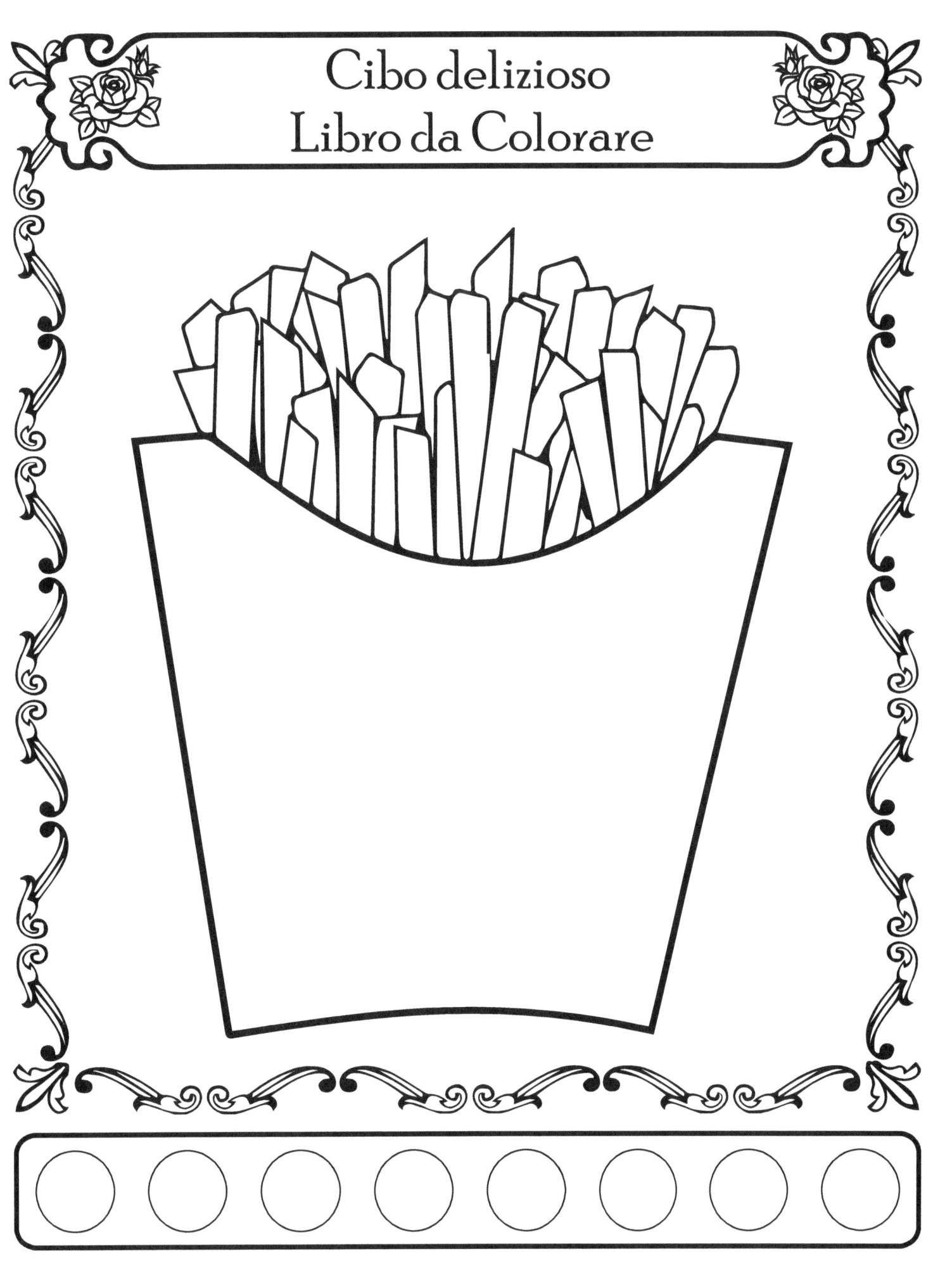

Cibo delizioso
Libro da Colorare

Cibo delizioso
Libro da Colorare

Cibo delizioso
Libro da Colorare

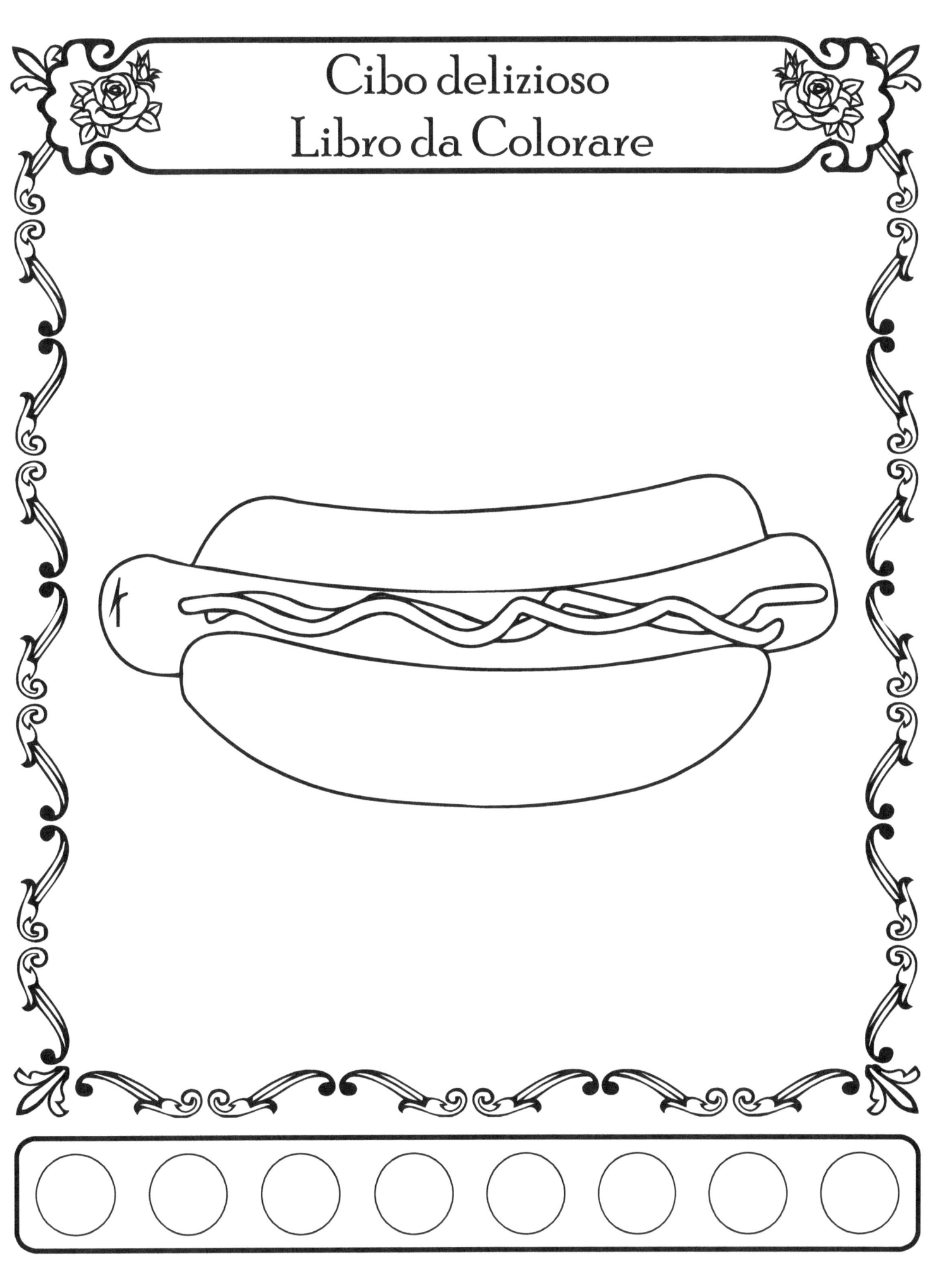

Cibo delizioso
Libro da Colorare

Cibo delizioso
Libro da Colorare

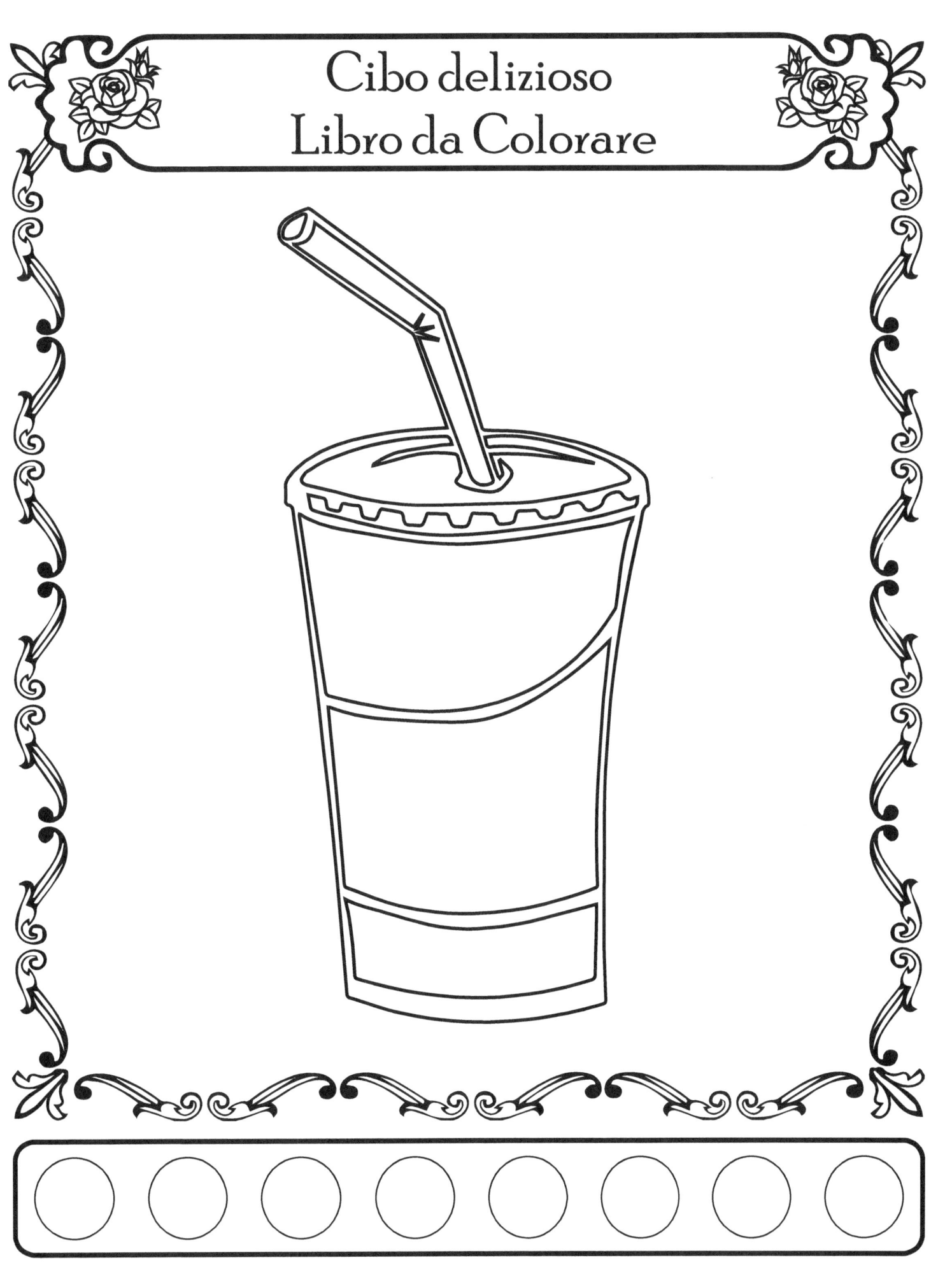

Cibo delizioso
Libro da Colorare

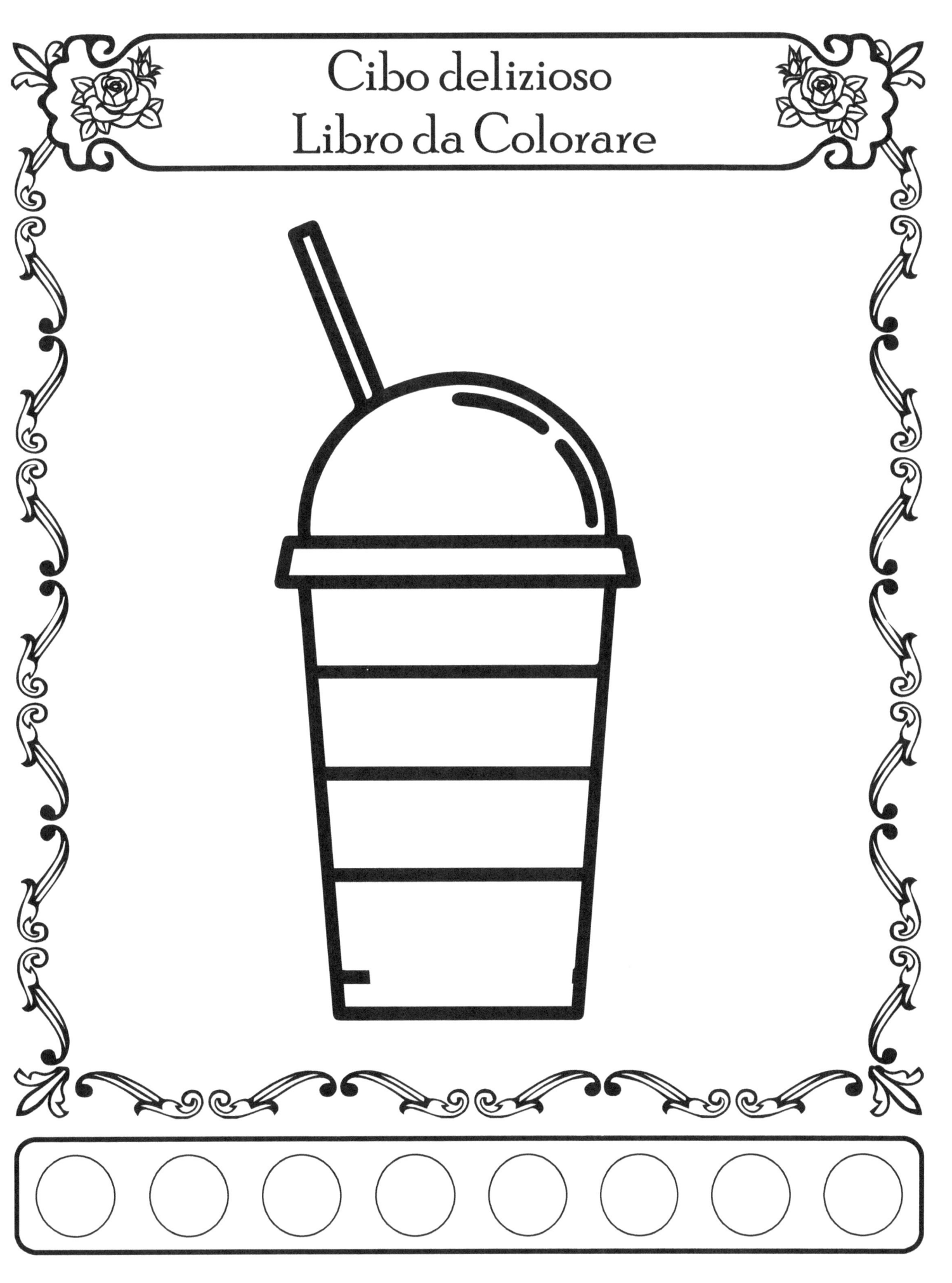

Cibo delizioso
Libro da Colorare

Cibo delizioso
Libro da Colorare

Cibo delizioso
Libro da Colorare

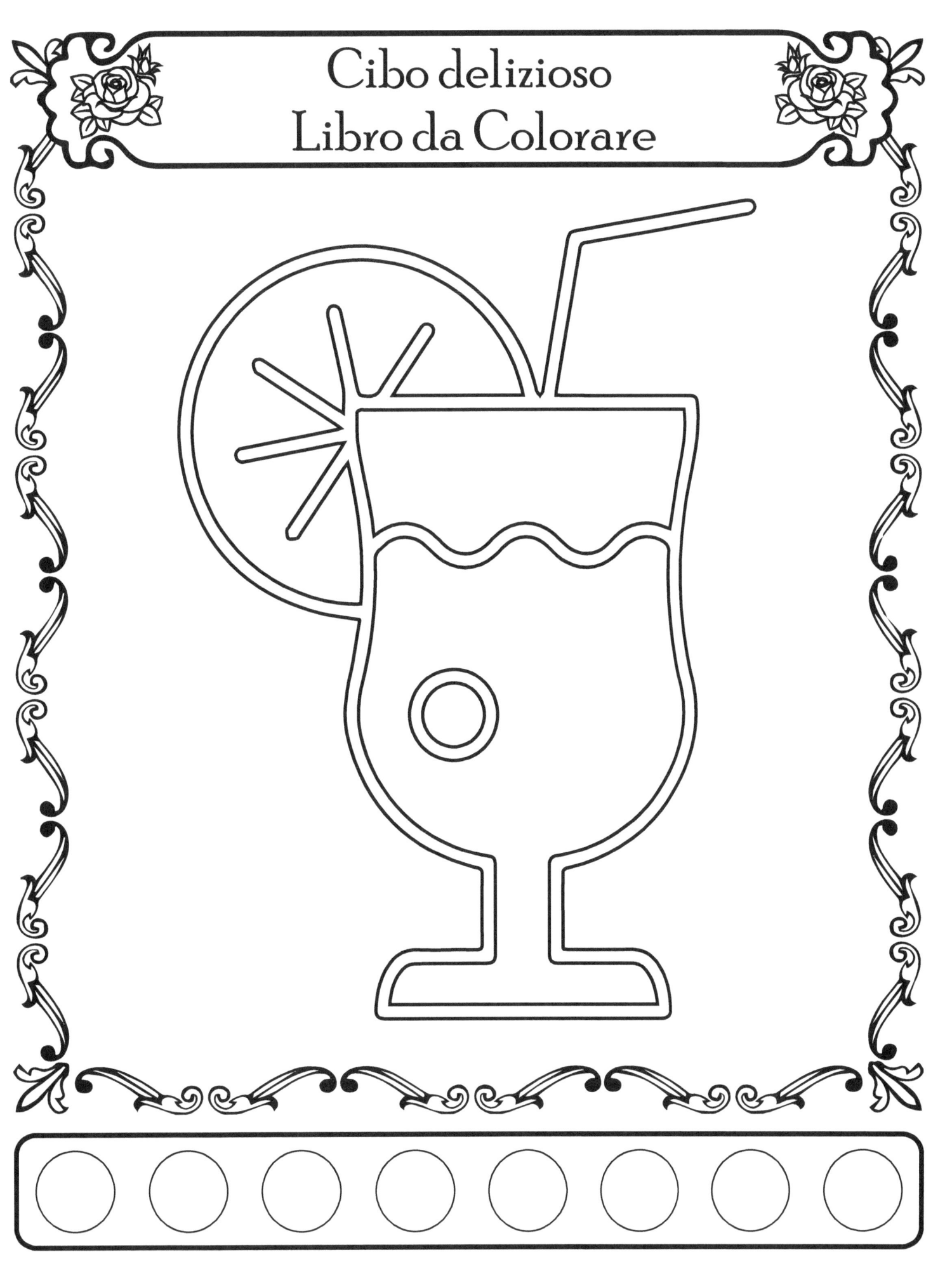

Cibo delizioso
Libro da Colorare

Cibo delizioso
Libro da Colorare

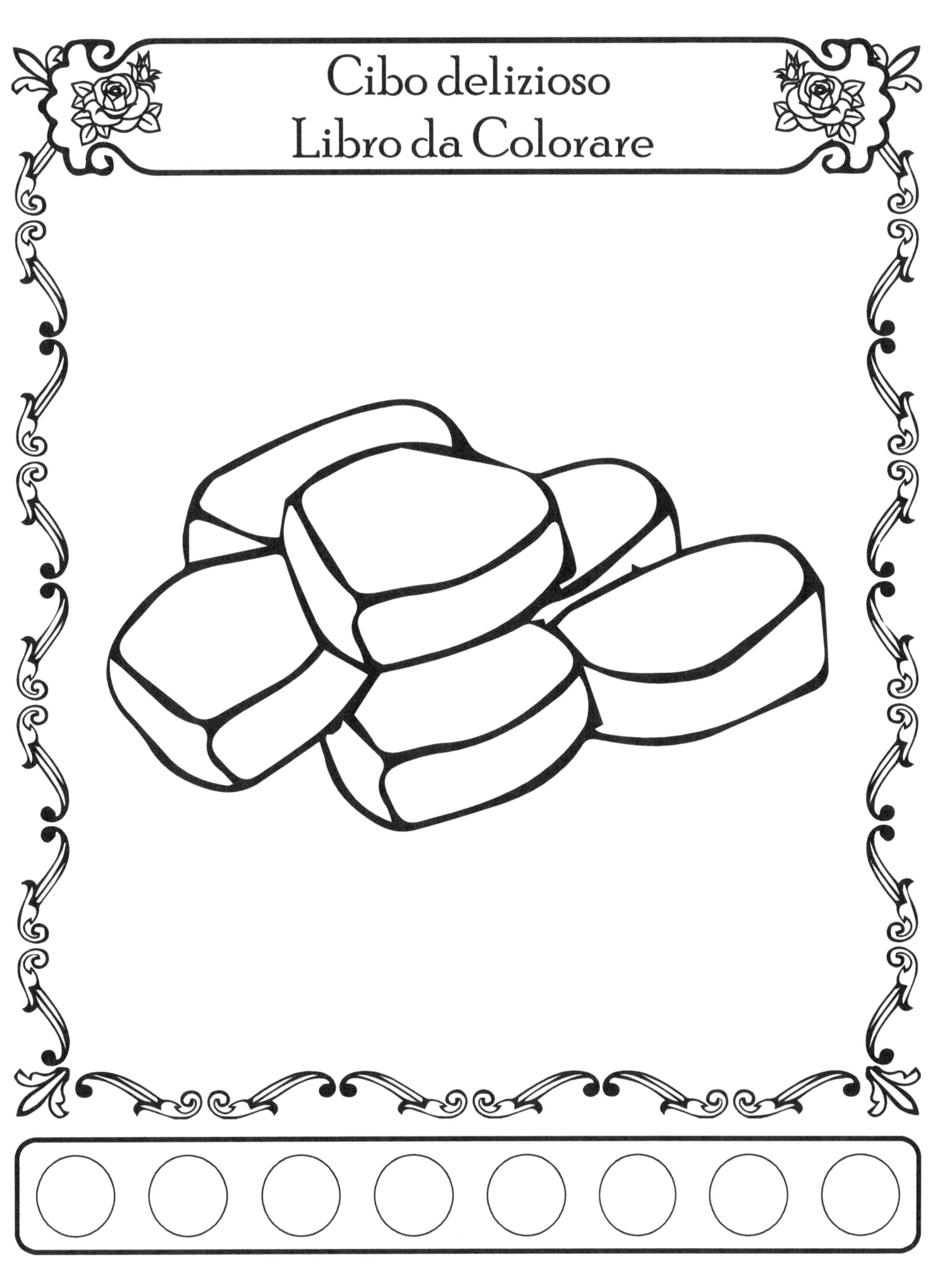

Cibo delizioso
Libro da Colorare

Cibo delizioso
Libro da Colorare

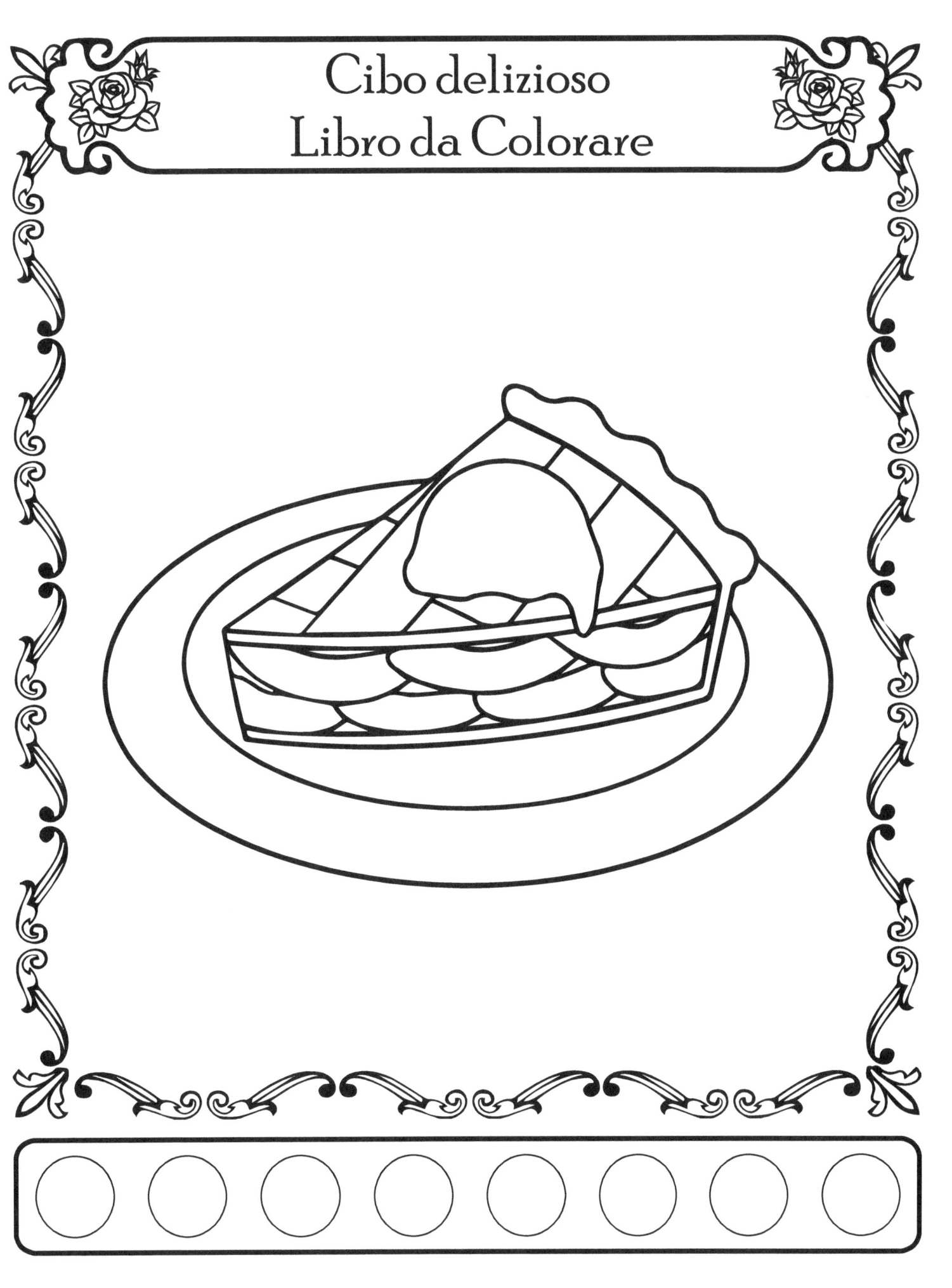

Cibo delizioso
Libro da Colorare

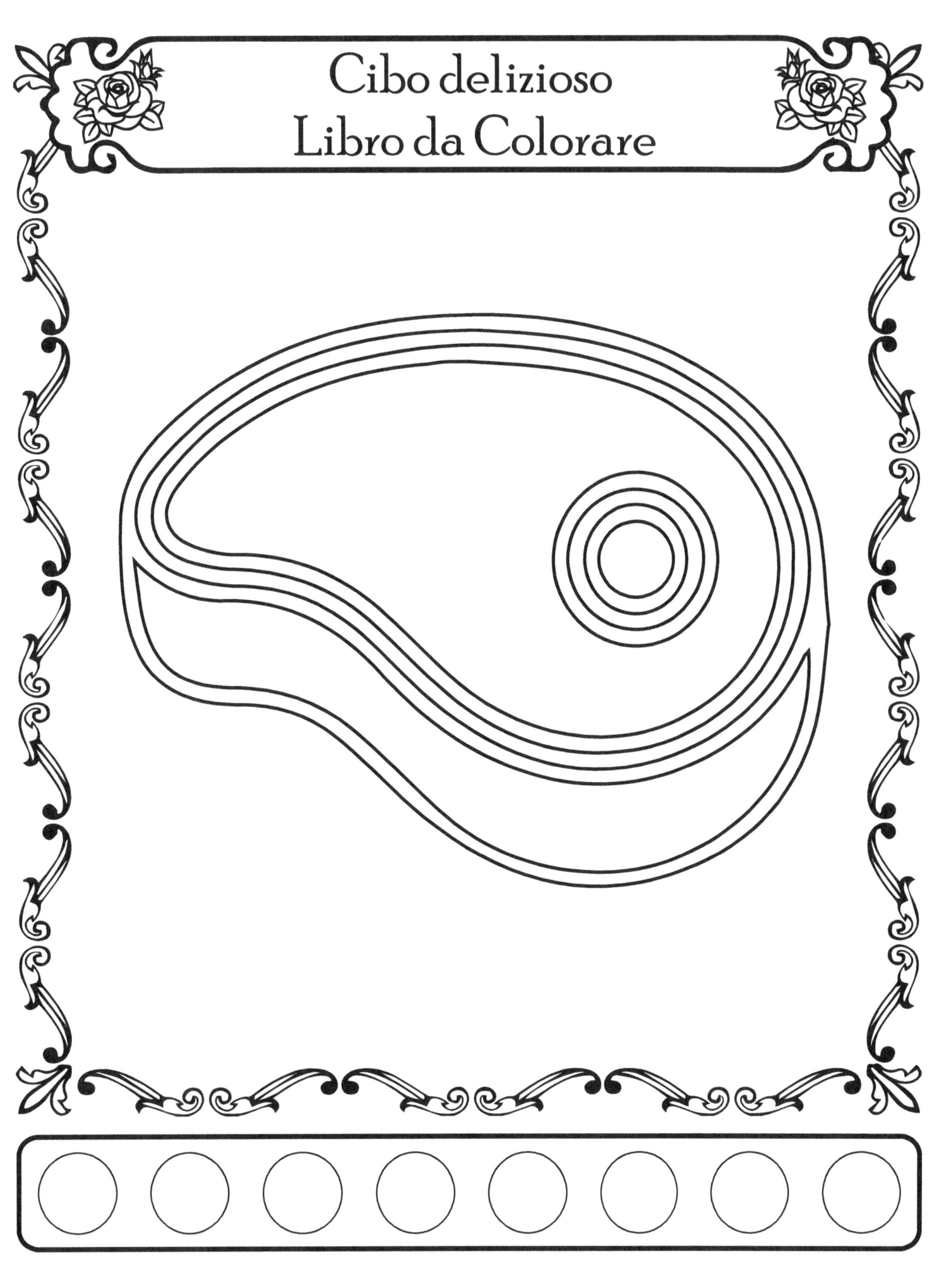

Cibo delizioso
Libro da Colorare

Cibo delizioso
Libro da Colorare

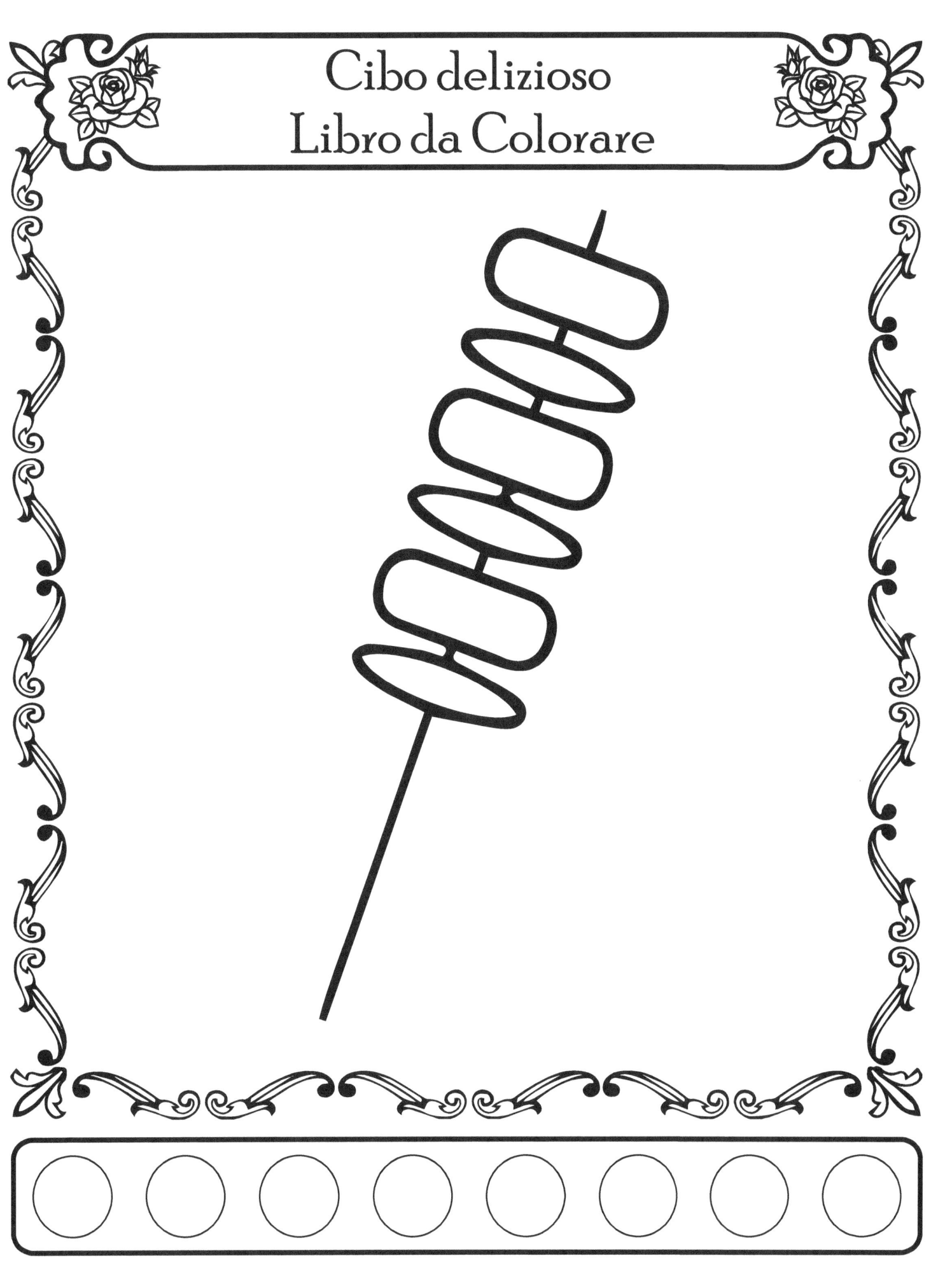

Cibo delizioso
Libro da Colorare

Cibo delizioso
Libro da Colorare

Cibo delizioso
Libro da Colorare

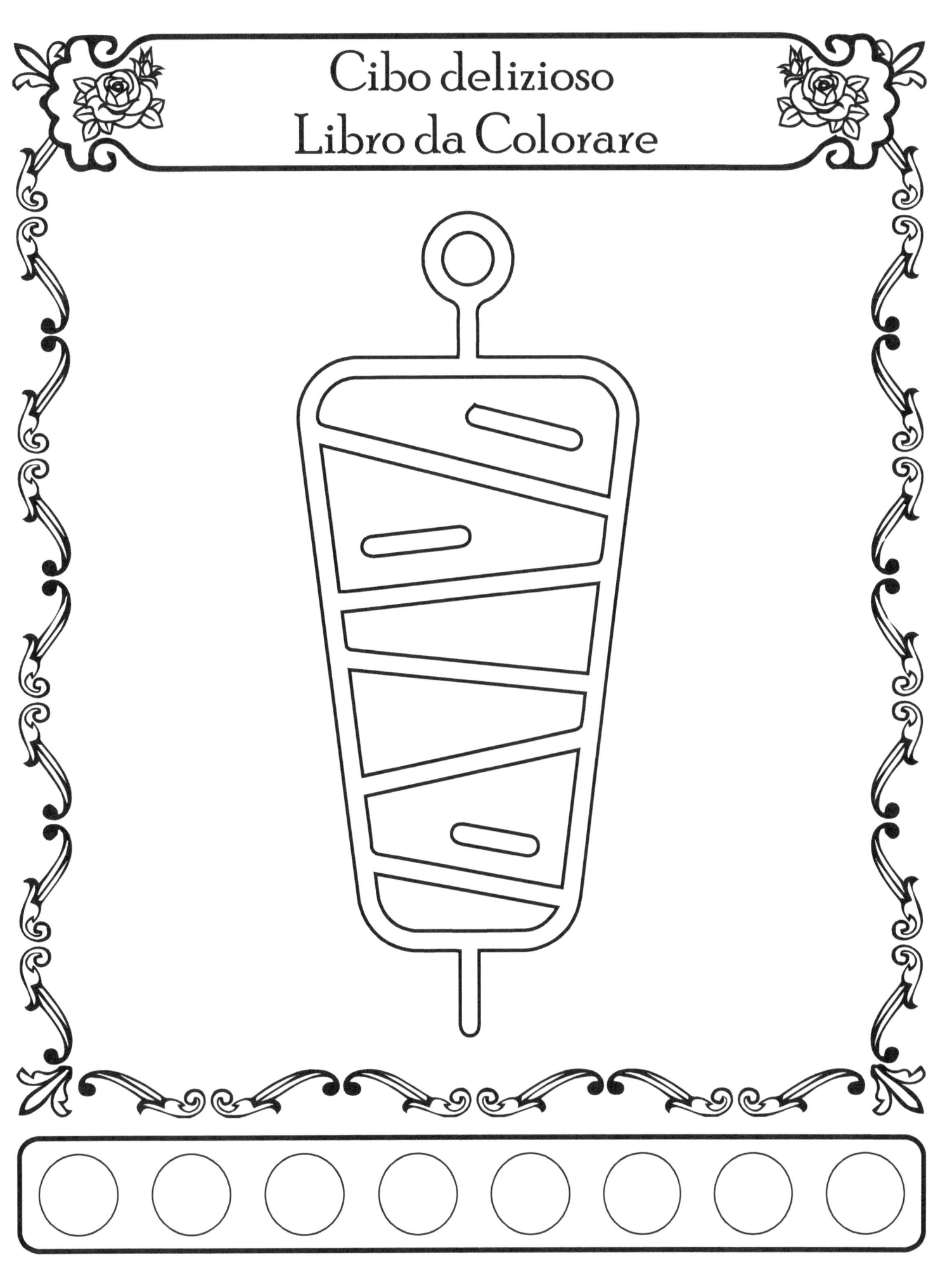

Cibo delizioso
Libro da Colorare

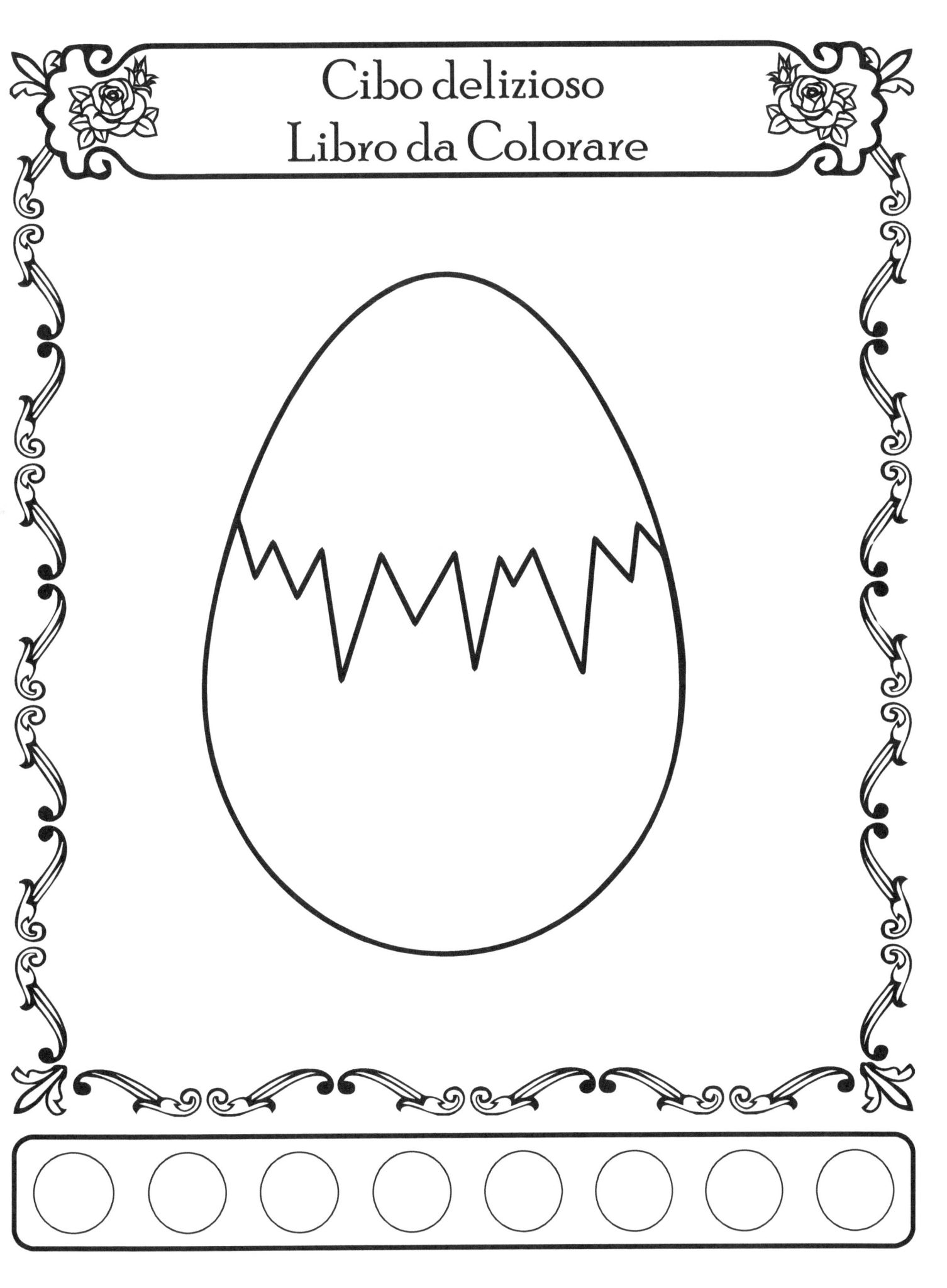

Cibo delizioso
Libro da Colorare

Cibo delizioso
Libro da Colorare